本当はスゴイ！
血液型

統計から新事実が見えてきた

武田知弘
Tomohiro Takeda

まえがき

「血液型性格診断」は、昔から非常に人気のある分野です。

血液型による性格診断は、「当たっている」と実感する人も多く、人間関係においての指標の1つとしている人もかなりいます。

その一方で、この「血液型性格診断」は、精神医学界などの心の専門家からは「非科学的だ」とされています。このため「非科学的だ」と思っている人も多いようです。

しかし、心の専門家が「非科学的だ」と言っているのは、因果関係が判明していないだけのことなのです。

実は人の性格は、何で決まるのか、現在明確にわかっているものではありません。だから、「血液型は性格に関係ない」のではなく、「血液型と性格の関係はわかっていない」というのが本当のところなのです。

そして心の専門家たちは、今まできちんと「血液型と人の性質、性格の関連性」の統計分析などをしていません。いい加減なアンケート調査を行って、お茶を濁してきただけなのです（172ページ参照）。

血液型をきちんと統計調査すると、**「スゴい事実」**が浮かび上がってきます。

たとえば、「サッカーの日本代表の出場試合歴代20位の中に、B型が1人も入っていない」と言われれば、あなたはどう思いますか？

本文で詳しく述べますが、これは事実なのです。

B型は、日本人の約20％を占めています。普通に考えれば、20位のうちに4人程度はいないとおかしいのです。自然な状態で日本人を20人集めた場合、その中にB型が1人もいない可能性は、0・07％しかないのです。こんなに低い確率は、世間では普通**「奇跡」**と呼ばれます。

そういう奇跡的な現象が日本のサッカー代表の世界で起きているのです。

しかも、こういう奇跡的な現象は1つ、2つの話ではありません。

さまざまな分野で、こういう奇跡的な現象が起きているのです。

たとえば、プロ野球のホームラン数の歴代10位の中に、A型は1人も入っていません。

A型は日本人にもっとも多い血液型で、人口の4割を占めています。だから、10位のうち

4人くらいA型がいないとおかしいのです。

自然な状態で日本人を10人集めた場合、その中にA型が1人もいない可能性は、0・36%なのです。こちらも奇跡的な現象だといえるでしょう。

血液型の統計分析をきちんと行えば、**本当にすごいことがわかってくる**のです。

誰もがいろいろな意味で興味を持っているこの「血液型診断」について、統計分析的な手法で追究したのがこの本の趣旨です。

血液型と性格の関連性を統計分析の見地から、その信憑《しんぴょう》性を確かめてみようということです。

もちろん血液型の統計データというのは、国民全体のものは発表されていません。だから血液型がわかる分野（スポーツ選手、芸能人など）を分野ごとに集計して、数値を分析しています。

本書を読めば、**誰もが驚くはず**です。そして「血液型と人の性格との関連」について、誰も否定することはできなくなるはずです。

第1章　血液型と性格の関連とはなにか？

第2章 強打者にA型はいないプロ野球の不思議

第3章 サッカー日本代表にB型がいない不思議

第4章 B型が強いゴルフと女子スポーツと血液型の影響

第5章

B型のボケが大成する漫才と人気マンガ家の血液型

第6章 離婚しやすい男女の相性の不思議

第7章 自殺者が多い血液型と精神医学、心理学の将来

第1章

血液型と性格の関連とはなにか？

実は根拠が弱い「血液型＝エセ科学説」

血液型については、性格との関連性について興味を持つ人が非常に多い一方で、絶対的に否定する人も数多くいます。

「血液型と性格の関連性」はエセ科学とも言われ、これを口にしただけで、「とんでもない」と叩く人もたくさんいます。

たとえば、テレビ放送などの内容をチェックする機関である「ＢＰＯ」（放送倫理・番組向上機構）は、血液型に関する番組が多いことに懸念を持ち「むやみに血液型のことを取り上げるな」という趣旨の要望書を放送局に発しています（36ページ参照）。

これは、「血液型と性格を関連付けた番組」が放送されると、決まって「根拠のないことを言うな」という抗議が多数寄せられるからです。

世間一般には、「血液型と性格の関連」は根拠がないと思っている人も多数いるのです。

特に**「良識的な人」**にそれが多いようです。「良識的な人」は、血液型と性格の関連をエセ科学と断定し、占いと同等のものとして蔑《さげす》んでいます。

「血液型と性格の関連」がエセ科学と言われている背景には、「ただの液体が人の性格に関連するはずがない」という強い固定概念があります。同時に心の専門家とされる人たちが、以前から頑強に「血液型と性格の関連性はない」と言い続けてきたからだと思われます。

「血液型と性格の関連性」に関しての学術的な専門家とは、精神医学や心理学の医者や学者になります。この分野の学者たちのほとんどは、一貫して「血液型と性格に関連性はない」と言い続けているのです。

「血液型と性格を関連づけるのは非科学的だ」と思っている人のほとんどは、この精神医学界、心理学界の主張をうのみにしているものと思われます。

これは無理もないことだと思います。

「専門家が言っているのだから」

普通の人はそれを信じるはずです。筆者自身もある時期までは、精神医学者たちの言うことを信じていました。

が、筆者は10数年前、精神医療について、かなり時間をかけて取材する機会がありました。

そのときに「精神医療というのは、一般に思われているよりもはるかに未発達で非科学的な分野だ」ということを初めて知ったのです。

精神医学は世間で思われているよりずっと未開の分野

実は精神医学というのは、他の医療科目から見れば、まだ始まったばかりの未開の分野です。信じがたいことかもしれませんが、病名なども、真に客観的に診断する方法はまだないのです。

たとえば、精神病のうち、もっとも有名な病名はうつ病です。

ですが、このうつ病に関して、科学的で客観的な診断方法というのは、まだないのです。どういうことかというと、うつ病かうつ病でないかを判断するときに、血液検査や脳波の検査などの科学的、客観的な判別方法はまだ開発されていないのです。

では、どうやって病気かどうか判断するのかというと、医者の主観で、「この人がうつ病かどうか」を決めるのです。

うつ病に関する一応の判断基準というものはあります。が、それは各種の科学的な検査で客観的にわかる基準ではなく、医者が判断する「指針」があるに過ぎません。

だから、現実的には、医者が主観で判断しているだけなのです。その医者が「この人はうつ病だ」と思えばうつ病になり、「この人はうつ病ではないかな」と思えばうつ病ではないのです。

つまり、精神病でもっとも有名な病気であるうつ病の診断方法さえ、実はまだ科学的なものはつくられていないのです。

このように、精神医療というのは医者の主観で判断される部分が非常に多いのです。だから、いくつかの精神科を受診した患者が、行く先々で異なる病名をつけられることはよくある話なのです。

わかりやすい例でいえば、30年ほど前に起きた「幼女連続殺人事件」の犯人だった宮﨑勤の例があります。宮﨑勤は逮捕後、3人の精神科医によって鑑定されたのですが、3人ともに違う診断結果をあげたのです。しかも、この3人の精神科医は日本でもっとも権威のある学者として有名でした。

筆者が何を言いたいのかというと、精神医学とは、他の医療分野に比べれば、まだ科学的に解明されている部分が非常に少ないという点です。

そして精神病どころか、人の性格が何によって決まるのかさえ、まだ全然わかっていないのです。人の性格が何によって決まるかさえわかっていないのだから、血液型が人の性格に関連しているかどうかを正確に判断できるはずはないのです。

「血液型と性格の関連性」は「ない」のではなく「わかってない」だけ

では、なぜ精神医学界や心理学界は、「血液型と性格に関連性はない」と断言しているんでしょうか？

それは実は**「血液型と性格の因果関係が判明していない」**だけのことなのです。

前述したように人の性格とは、何で決まるのか、現在明確にわかっているものではありません。

人の性格が何によって決まるのか、遺伝によるものなのか、環境によるものなのか、両方なのか、両方だとすればどの程度の割合なのか、遺伝や環境以外に何か影響するものはないか等々、科学的にはほとんど何も解明されていないのが現状なのです。

だから、**「血液型と性格の関連はない」のではなく、「血液型と性格の関連はわかっていない」**のが本当のところなのです。

精神医学界、心理学界が、「血液型と性格を関連付けるのは非科学的」と断定してしまっているのは、勇み足というか、詭弁《きべん》に近いものがあるのです。

人の性格が何で決まるのかわかっていないにもかかわらず、「血液型は性格には関係ない」と断定してしまうのは、それこそ非科学的だと思われるのです。

世間の人が血液型について誤解していることで、もっとも大きなことは「血液型と性格」についての調査です。

「血液型と性格の関連はない」と思っている良識的な人たちは、「血液型と性格について、すでにきちんとした調査が行われ、その上で関連性はないことがわかったのだろう」と信じているはずです。

しかし、しかし、です。

実は血液型と性格の関連について、本格的な調査が実施されたわけではないのです。

いや、心理学者などによって調査自体は何回か行われています。しかし、アンケート調査のような簡単なものだけなのです。一定数の人にアンケートに答えてもらい、血液型によって回答に違いがあるかどうかを調べるという内容です。

このアンケート調査の回答で、血液型による違いがほとんどなかったので、「血液型と性格に関連性はない」と結論付けているのです（詳細は172ページを）。

しかし、アンケートというのは、自分の「頭で考えて」回答を書くものです。

その人の本当の性格や性質というのは、「頭で考えた」回答であぶり出されるのではなく、自分が意識しないところでの言動や行動に表れるものです。だからアンケート調査では、その人の本当の性格を確認できるはずがありません。にもかかわらず、アンケート調査のみの結果で、精神医学界や心理学界は「血液型と性格の関連性はない」と断定しているのです。

これでは、あまりにずさんというか、いい加減です。

精神医学界や心理学界はなぜもっと本格的で有効な調査をしないのでしょうか。

「血液型と人の性格の関連性」を、大学などの研究機関が本気で調べようと思えば、やり方はいくらでもあるはずです。

たとえば、大学の学部学科別や成績別に血液型を調べてみる。そうすれば、血液型による得意科目、得意分野が見えてくるかもしれません。大学の精神医学、心理学の研究チームがそれを実行しようと思えば、簡単にできるはずです。

しかし、たったそれだけのことさえ、世界中の精神医学、心理学の専門家たちは実行していないのです。

また、スポーツ選手の間では、**血液型によって得意不得意がある**ということが昔から言われてきました。あるスポーツの上位選手は、特定の血液型が独占状態になっていることは、スポーツ雑誌などでもたびたび取り上げられます。そういう現実が、「血液型と性格の関連性」についての世間の興味をより広めたといえます。

しかし精神医学界や心理学界の研究者たちは、この点についても、まったく調査をした形跡はないのです。

本書でこれから取り上げるように、スポーツの中には、特定の血液型の人が上位を独占しています。また逆に特定の血液型の人が上位にまったく存在しないという現象はいくつもあります。それは確率的に言っても、**とても偶然では片づけられない**異常値を示しているのです。

にもかかわらず、精神医学や心理学の専門家たちは、まったくその方面に目を向けることなく、自分たちが行ったアンケート調査の結果だけを頑なに信じて、複眼的多角的に研究することをまったく拒否しているのです。

精神医学や心理学の専門家たちが、誰もが納得できる調査を行った上で、「血液型と性格の関連性はない」と言っているのであれば、筆者としても、文句はありません。

しかし、そういう調査は一切行われていないのです。

なぜ精神医学界、心理学界が血液型についてまともに取り合おうとしないかの謎は、最終章で詳しく述べますが、ざっくり言えば、**「メンツがつぶれるから」**なのです。

これまで長い間、精神医学界、心理学界は、血液型と性格の関連について否定し続けてきたので、いまさらそれを認めるようなことは絶対にできないわけなのです。

だから、精神医学界、心理学界の言っていることをうのみにしてしまうと、判断を見誤ることになるのです。

血液型信奉者の失敗

ところで、血液型と性格の関連を肯定している人たちにも、血液型の議論を進めていく上で、大きな失敗があったといえます。

というのも、血液型信奉者たちは、データなどで客観的に血液型の性格の違いを読み解いていくよりも、勝手な主観で血液型の類型をすすめて、占い的な方向にシフトしてしまったからです。

現在、巷で流布している血液型性格診断の多くは、データを基にして何かを論じるというより、占い的に「A型の人はこういうタイプです」「A型とO型は相性がいいです」などと何の根拠も示さずに、作者の勝手気ままに述べているものばかりです。

またごく一部の例を引き合いに出して、「この血液型は芸術家に向いている」というような結論を出してしまうケースも多々見られます。

たとえば、イチローも長嶋茂雄もB型なので、B型は天才型で運動能力に秀でているという結論に帰着してしまうのです。当然のことながら、イチローと長嶋の2人だけのデータで、その結論を導くのは非常に乱暴です。

そういう類の血液型占いのようなものは、確かに「根拠がない」と言われても、反論のしようがないわけです。

そして、そればかりが氾濫《はんらん》したために、良識的な人たちから「血液型はうさん臭い」「占いと同等」と見られるようになってしまったのです。

血液型によって病気リスクが違うことは科学的に証明されている

「血液型と性格の関連」はまだ科学的に証明されていませんが、「血液型と病気リスク」に関連性があることは、**すでに科学的に証明**されています。

いくつかの病気では、血液型によって発症するリスクが違うことが、医療機関の研究によって明らかになっているのです。

そのもっとも有名なものは、すい臓がんに関する研究です。

2009年、アメリカ国立癌《がん》研究所（NCI）を中心とした多くの大学や研究機関の共同研究チームは、すい臓がんにかかるリスクが血液型によってかなり違うという事実を発表しました。またその後の研究により、すい臓がんにかかるリスクは、A型はO型の1・32倍、B型はO型の1・72倍であるということが判明しました。

そもそもすい臓がんの罹患《りかん》率が血液型によって違うのではないかという指摘は、すでに1950年代からあったそうです。

「血液型によって病気リスクが違う」ことが判明した例は、すい臓がんだけではありません。

2012年には、ハーバード大学が、「心臓病リスクはA型はO型の1・08倍、B型はO型の1・11倍、AB型はO型の1・2倍である」と発表しました。

2013年には、フランスのINSERM（フランス国立保健医学研究機構）が8万人のフランス女性を追跡調査した結果、糖尿病にかかるリスクが、A型はO型の1・1倍、B型はO型の1・21倍、AB型はO型の1・17倍だったと発表しました。

2014年には、アメリカのバーモント大学が3万人を追跡調査したところ、「AB型の認知症にかかるリスクが高かった」という研究発表もされています。アメリカのAB型の人口比率は4％にもかかわらず、認知症罹患者の6％がAB型だったそうです。

このほかにも、血液型によって病気リスクが違うという研究はたくさん発表されています。しかも、この研究はまだ始まったばかりの状態なのです。今後、研究が進めば、さらに広範囲でさらに詳細な血液型別の病気リスクが判明してくるはずです。

病気リスクが違うということは体質が違うということ

このように血液型によって病気リスクが違うことは、科学的に証明されているのです。そして病気リスクが違うとは、体質が違うことであり、体質の違いが性格に影響を与える可能性は、十分に考えられるはずです。

先にも言いましたように、人の性格というものが何によって形成されているのか、まだほとんどわかっていないのです。

体質や病気リスクなどというものは、人の本能的な部分に影響を与えるはずです。

病気にかかりにくい人は、本能的に外に出て行ったり、人と交流していたりしている活発な行動であることは十分に考えられます。逆に病気にかかりやすい人は、行動が慎重になりがちだとも考えられます。

たとえば、これまでの研究の中では、O型が比較的、病気に対するリスクが低くなっています。O型は、巷では、「社交的」「あまり神経質ではない（大雑把《ざっぱ》）」というような言われ方をします。この巷で言われているO型の性格と、病気リスクは奇妙に関係性があるように思われます。病気のリスクが少なければ、人と交わることにも積極的になるだろうし、生活する上で、あまり神経質にならないだろうと考えられるからです。

もちろん、そんな単純なことではなく、もっと複雑な関係があるでしょう。病気リスクはさまざまあるので、それが性格に影響を与えているとすれば、多方面の微妙なところに影響を及ぼしているはずです。

それが各血液型の性格の違いとして表れているとしても、決して不思議ではありません。「単なる赤い液体が人の性格に関連するはずがない」と思っている人も、**「血液型によって体質の違いが生じ、その体質の違いが性格に関連しているのではないか」**と言われれば、真っ向から否定することは難しいのではないでしょうか。

「血液型だけで性格が決まる」などとは誰も言っていない

「血液型と性格の関連」に異議を唱える人は、しばしば「人の性格がたった4種類しかないはずがない」などと言います。

確かに、人の性格がたった4つのはずはないでしょう。

筆者としても「人の性格がたった4種類しかない」などと断定するつもりは毛頭ありません。「血液型も人の性格をつくる要因の1つではないか」と言っているだけなのです。

つまり人の性格には、A型の要素、B型の要素、O型の要素、AB型の要素が内在し、それぞれに特徴がある。しかし、それが性格のすべてではなく、その他にもさまざまな要因が合わさって人の性格を形成しているのです。

男性と女性の性格傾向が違うことは、万人の認めるところです。これを否定する人は、ほとんどいないはずです。時々否定する人もいますが、だいたいよほどの変わり者か、非現実的な観念論者です。つまり世界の大半の人は、男性と女性で性格傾向が違うという事実を受け入れているわけです。

だからといって、人の性格が「男性」と「女性」の2種類しかないなどとは、誰も思わないはずです。

それと同様に血液型も、それぞれの性格傾向があるというだけの話なのです。

また男性でも女性的な性格の人もいれば、女性でも男性的な性格の人もいます。性格を形成する要素はたくさんあるので、そういうことも生じておかしくはないのです。

それと同様に、血液型でもA型の人でもB型的な性格の人もいるでしょうし、その逆もあるでしょう。

繰り返しますが、筆者は「人間の性格は4種類しかない」とも「性格のすべてが血液型で決まる」とも断言していないのです。「人間の性格を形成する1つの要因として血液型が関連している可能性がある」と言っているだけなのです。

血液型とは何か？

本書は血液型と性格の関連性について、さまざまな統計データを分析するという趣旨を持っています。

本書を読まれるほとんどの人は、血液型が何なのかということを知っていると思われます。しかし、中には知らない方もいるかもしれないので、一応、さらっと確認しておきますね。

もうご存知の方は、読み飛ばして第2章にお進みください。

血液型を決める遺伝子は、ABOの3つがあります。

そして、人は誰でもこのABOの遺伝子を2つずつ持っています。

だから、血液型遺伝子の組み合わせとしては、次の6通りになります。

A-A
A-B
A-O
B-B
B-O

O−O

そして、この6通りの遺伝子の組み合わせで、血液型が決まるのです。Aを2つ持っている人はA型で、Bを2つ持っている人はB型、Oを2つ持っている人はO型です。

2つの違う種類を持っている人の場合、ちょっと複雑です。

AとBの遺伝子は同等なので、AとBを持っている人の血液型はAB型となります。

またAとBの遺伝子はOに対して優勢となっています。だから、AとOを持っている人の血液型はA型となり、BとOを持っている人の血液型はB型となります。

だから、6種類の遺伝子の組み合わせの血液型は、次のようになります。

A−Aの組み合わせの人↓A型
A−Bの組み合わせの人↓AB型
A−Oの組み合わせの人↓A型
B−Bの組み合わせの人↓B型
B−Oの組み合わせの人↓B型

O-Oの組み合わせの人→O型

血液型というのは、本当は4種類ではなく、6種類だと言われることがあります。

それは、右のように血液型遺伝子の組み合わせが6種類あるためです。

だから、A型とされている人も実は2種類あって、A-A型の人とA-O型の人がいます。

B型も同様に、B-B型の人とB-O型の人がいるわけです。

「4つの血液型で性格を判断するのはおかしい」という主張

このように血液型遺伝子の組み合わせは、本来6種類あるわけです。

なので「4つの血液型で性格を判断するのはおかしい」と主張される方もおられます。

その主張は確かにそのとおりだと思われます。

現在のところ、血液型は4つの型の分類しか行われておらず、有名人の血液型データなども、4つの型でしか公表されていません。

必然的に4つの型で傾向を探るということになっています。つまり、本来は6種類ある分類を、2つ省略して4つにまとめているのです。4つの型のデータしかないのでやむを得ず、便宜上、4種類に区分しているというわけです。

今後、血液型を6種類で区分するようにし、その統計データを公表するようになれば、血液型と人の性質の関連性は、より精度が高くなるのは間違いありません。

現在の4種類の区分でも、データ分析すればそれなりに特徴が出てくるわけですから、これを6種類の区分にすれば、もっともっといろんなことがわかってくるはずです。

いつ血液型論争は始まったのか？

ところで血液型論争が始まったのは、いつのことでしょうか。

最初に血液型と性格の関連を指摘した人は、原来復《はらきまた》という日本人の医者だったと見られています。

血液型は1900年にオーストリアのラントシュタイナーという研究者が発見しました

原来復は、それからほどなく長野県の日赤病院に勤務しているときに、患者の血液鑑定を行いました。

たくさんの人の血液型を調べるうちに、血液型と人の性格に関連性があるのではないか、と気づきました。それを1916年に発表したのです。血液型が発見されてから、わずか15年後のことです。

しかし、この発表は特に何かのデータによって導き出されたものではなく、A型は従順で、B型は粗暴な人が多い、という彼の主観を述べただけでした。

その後、「血液型と性格の関連性」については、さまざまな論争が巻き起こり、一時期、ブームのようなことも起きたようです。このときは、肯定論者も否定論者も統計データを用いて証明するようなことはせず、ただ単に議論するだけでした。当時はまだ、統計データを活用する技術も方法もあまりなかったのです。その後、肯定論は精神医学界の中での勢力争いに敗れたため、「血液型と性格の関連性」は否定されることになりました。

このあたりの経緯については、ネットなどで詳しく書かれているので、興味のある方は調べてみてください。

とにもかくにも、「血液型と性格の関連性」は、きちんとした統計調査などが行われぬまま、**「非科学」**の烙印《らくいん》を押されてしまったのです。それが、戦前からずっと今まで続いているのです。その間に、精神医学者や心理学者の中で、しっかりとした統計調査を行おうとする者は、ほとんどいませんでした。そんなことをすれば、学会から異端児とされてしまうからです。

会的差別に通じる危険がある。血液型判断に対し、大人は“遊び”と一笑に付すこともできるが、判断能力に長けていない子どもたちの間では必ずしもそういうわけにはいかない。こうした番組に接した子どもたちが、血液型は性格を規定するという固定観念を持ってしまうおそれがある。

また、番組内で血液型実験と称して、児童が被験者として駆り出されるケースが多く、この種の“実験”には人道的に問題があると考えざるを得ない。

実験内で、子どもたちは、ある血液型の保有者の一人として出演、顔もはっきり映し出され、見せ物にされるような作り方になっている。中には子どもたちをだますような実験も含まれており、社会的にみて好ましいとは考えられない。

青少年委員会では、本年6月以降、番組内での“非科学的事柄の扱い”全般について検討してきたが、ことに夏以降、血液型による性格分類などを扱った番組に対する視聴者意見が多く寄せられるようになった。そこで委員会では集中的に「血液型を扱う番組」を取り上げ、いくつかの番組については放送局の見解を求め、公表してきた。その過程で、放送局は「○○と言われています」「個人差があります」「血液型ですべてが決まるわけではありません」「血液型による偏見や相性の決めつけはやめましょう」など、注意を喚起するテロップを流すようになった。しかし、これは弁解の域を出ず、血液型が個々人の特徴を規定するメッセージとして理解されやすい実態は否定できない。

参考資料

「血液型を扱う番組」に対する要望

2004年12月8日放送倫理・番組向上機構［BPO］放送と青少年に関する委員会

「血液型を扱う番組」が相次ぎ放送されている。それらの番組はいずれも、血液型と本人の性格や病気などとの関係があたかも実証済みであるかのごとく取り上げている。放送と青少年に関する委員会（以下、青少年委員会）にも、この種の番組に対する批判的意見および番組がもたらす深刻な状況が多数寄せられている。

それらの意見に共通するのは、「血液型と性格は本来、関係がないにもかかわらず、番組の中であたかもこの関係に科学的根拠があるかのように装うのはおかしい」というものである。意見の中には、「これまで娯楽番組として見過ごしてきたが、最近の血液型番組はますますエスカレートしており、学校や就職で血液型による差別意識が生じている」と指摘するものもあった。

放送局が血液型をテーマとした番組を作る背景には、血液型に対する一種の固定観念とでもいうべき考え方や見方が広く流布していることがあげられる。

しかし、血液型をめぐるこれらの「考え方や見方」を支える根拠は証明されておらず、本人の意思ではどうしようもない血液型で人を分類、価値づけするような考え方は社

第2章

強打者にA型はいないの不思議

なぜホームランバッターにはA型がいないのか？

血液型による人の性質の違いをもっともよく表しているデータは、プロ野球の打撃成績だと言えます。

たとえば、ホームラン数の歴代ランキング10位を見てみましょう。10位までの中で一番多いのは、O型とB型の5人です。O型は、日本人の人口の中で4割程度しか占めていません。B型は2割程度です。だから、O型もB型も日本人の人口比から見れば、ホームランバッターが非常に多いということが言えます。

が、もっとも着目すべきはA型です。

ホームランランキング10位までの中に、日本人でもっとも多いはずのA型が1人もいないのです。これは確率的には実は非常に異常なことなのです。

日本人を無作為に10人抽出し、その中にA型が1人もいない可能性は、0・36％です。

つまり、歴代ホームラン10傑にA型が1人もいない現象というのは、確率的には３００回に1回しかない超偶然の出来事が起きているということなのです。

しかも、これは1年、2年でのホームラン争いの結果ではありません。80年に及ぶプロ野球の歴史の中で、積み重ねられた記録なのです。

プロ野球は戦前から80年以上の伝統を持つ業界であり、総勢で1万を優に超える人々が参加してきているのです。これだけ大きい母数なのだから、確率統計的に言っても「偶然の偏在」は、起きにくいはずです。

草野球の単年の打撃ランキングだったら、「偶然の偏在」が起きることもあるかもしれません。しかし万を超える人々が80年以上にわたる競争によって、集計されてきたランキングで、そうそう「偶然の偏在」が起きるとは考えられないのです。

この歴代ホームラン記録にA型がいないというのは、けっこう有名な話であり、テレビでもとりあげられたことがあるのでご存知の方も多いかと思われます。

本書では、なぜこういうことになっているのか、他の統計なども用いてさらに追究してみたいと思います。

日本プロ野球の歴代ホームラン数ランキング　（2018年4月8日現在）

1・王　貞治　868本　O型
2・野村克也　657本　B型
3・門田博光　567本　B型
4・山本浩二　536本　B型
5・清原和博　525本　B型
6・落合博満　510本　O型
7・松井秀喜　507本　O型（メジャー成績を含む）
8・張本　勲　504本　B型（O型の説もあり）
8・衣笠祥雄　504本　O型
10・大杉勝男　486本　O型

好打者にもA型はいない

A型が少ないのは、ホームランバッターだけではありません。

安打数の歴代記録を見ても、A型はいないのです。

次ページの表は、歴代安打数10位までの選手です。

なんと、**ここにもA型は1人もいない**のです。

歴代ホームラン数と歴代安打数のメンバーは、重複している人が6人います。重複した人を除いた14人が、日本の好打者といえるでしょう。

その14人の中に、A型は1人も入っていないのです。

日本人を無作為に14人抽出して、その中にA型が1人も入っていない可能性というのは、0・0092%なのです。

なんと1万回に1回しかない偶然なのです。

もう**奇跡中の奇跡**といっていいでしょう。

そういう超奇跡的なことが、日本のプロ野球の打撃成績で起こっているのです。

このデータを見ても、まだ「血液型は人の性質に関係ない」といえるでしょうか？

安打数歴代10位（日本人）

1・イチロー　4358本　B型（メジャー成績含む、2017年終了時）
2・張本勲　3085本　B型
3・野村克也　2901本　B型
4・王貞治　2786本　O型
5・松井稼頭央　2699本　O型（メジャー成績含む、2017年終了時）
6・松井秀喜　2643本　O型（メジャー成績含む）
7・門田博光　2566本　B型
8・衣笠祥雄　2543本　O型
8・福本豊　2543本　B型
10・金本知憲　2539本　O型

打撃10傑にはＡＢ型もいない

またホームラン数、安打数ともに、ＡＢ型も1人もいません。

ＡＢ型というのは、Ａの要素を半分持っているということなので、Ａの要素を持つ選手が、打撃10傑の中に入っていないということです。

日本人を10人無作為に抽出して、Ａ型とＡＢ型のいずれもいないというケースは、0・098％です。つまり1000回に1回しかない偶然が歴代ホームラン、歴代安打のそれぞれで起こっているのです。

ＡＢ型は、もともとの数が少ないので無視されがちですが、このプロ野球のデータを分析していくと、ＡＢ型は非常に興味深い存在であることがわかります。簡単にいうと、ＡＢ型は、プロ野球においては、Ａ型と非常に似たような性質なのです。

投手部門ではA型は少しいる

次に投手部門を見てみましょう。

投手の歴代勝利数のベスト10は、昔の人が多く、血液型不明者が3人もいます。11人のうち3人が不明となるとデータとしてはちょっと使いづらいですね（10位が同数なので11人です）。だから、参考までに見てみることにしましょう。

このランキングではA型の小山正明が3位に入っており、打撃部門のようにA型全滅にはなっていません。

次にセーブ記録を見てみましょう。

歴代セーブ数ベスト10の中には、A型が3人入っています。

勝利数ベスト10で血液型が判明している人と、セーブ数ベスト10を合わせると、17人です。

この中に、A型は4人入っています。シェア率は、23・5％です。日本人の血液分布と比較すればかなり低いですが、打撃部門に比べれば、かなりいい成績です。

投手の歴代勝利数ベスト10

1	金田正一	B型	400勝
2	米田哲也	AB型	350勝
3	小山正明	A型	320勝
4	鈴木啓示	O型	317勝
5	別所毅彦	AB型	310勝
6	山田久志	O型	284勝
7	稲尾和久	B型	276勝
8	梶本隆夫	?型	254勝
9	東尾修	O型	251勝
10	若林忠志	?型	237勝
10	野口二郎	?型	237勝

投手の歴代セーブ記録ベスト10

1・佐々木主浩　O型　381（メジャー成績含む）
2・高津臣吾　A型　313（メジャー成績含む）
3・小林雅英　B型　228
4・藤川球児　O型　225（メジャー成績含む、2017年終了時）
5・江夏豊　A型　193
6・馬原孝浩　A型　182
7・武田久　B型　167
8・永川勝浩　O型　165
9・豊田清　O型　157
10・平野佳寿　O型　156（2017年終了時）

プロ野球に入りやすい血液型はない

これまであげたプロ野球の歴史データを総合してみますと、次のことがいえます。

- **打撃部門は、O型とB型が独占している（A型はいない）**
- **投手部門は、割合は少ないがA型もいる**

なぜこういう状態が生まれているのか、もう少しデータを掘り下げることで、追究してみたいと思います。

まず、単年度のプロ野球選手全体の血液型分布を見てみましょう。

次ページは、2015年末の選手名鑑による、12球団の選手の集計です。

この血液分布をみると、どの血液型も、日本人の人口分布とほぼ同じような割合を示しています。

だから、どの血液型にもプロ野球になるための有利不利などはありません。**プロ野球選**

12球団の選手の血液分布

A型　291人

B型　186人

O型　244人

AB型　65人

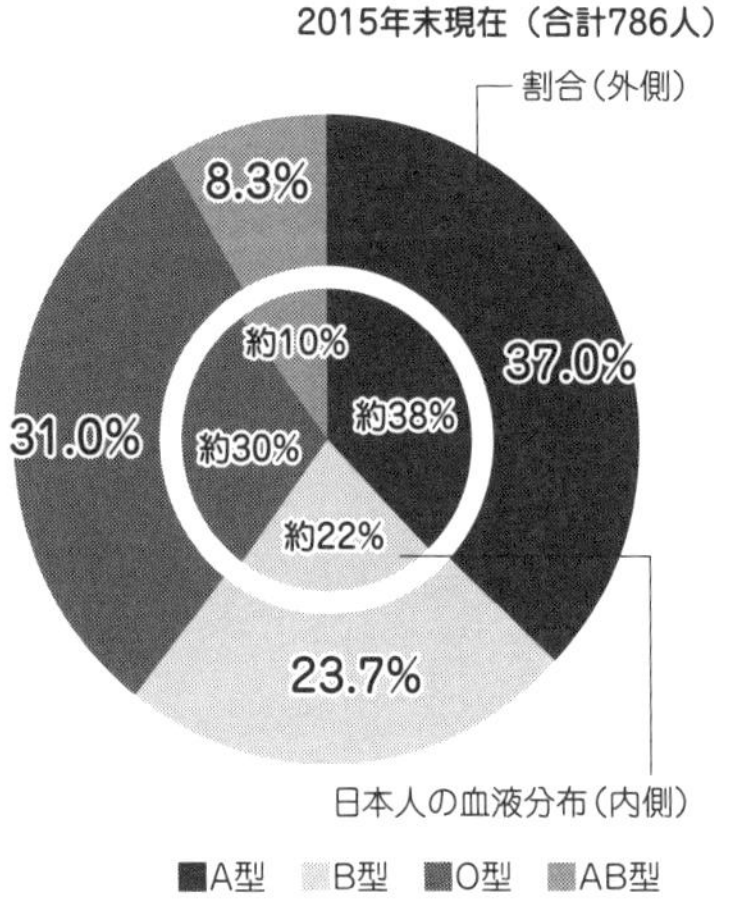

12球団の1軍選手の血液型分布

A型　212人

B型　136人

O型　186人

AB型　50人

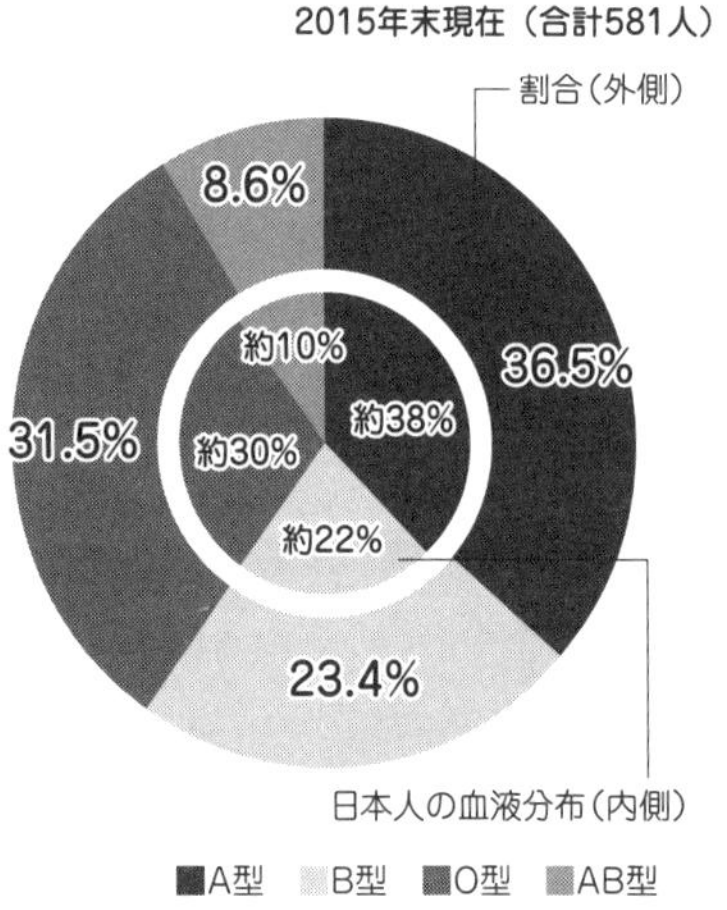

手になりやすい血液型というのはないといえます。

次に1軍に選手の血液型分布を見てみましょう。プロ野球選手になれても1軍で活躍できなければ意味はありませんからね。

前ページ下の表「1軍選手の血液型分布」を見てみてください。

1軍選手の血液型分布と、全選手の血液型分布もそれほど大きな差異はありません。

つまりは、**プロ野球選手になりやすい血液型も、1軍で活躍しやすい血液型もない**ということです。どの血液型も同じようにプロ野球に入り、活躍できる可能性があるということです。これは、プロ野球を目指している子供たちには救いですね。

ベテラン選手ではA型が急に減っていく

前項で見たように、プロ野球選手のスタート時点では血液型による差はなかったのに、なぜ歴代成績であのような偏りが出てくるのでしょうか？

もう少し細かいデータ分析をすることで追究してみましょう。

プロ野球全選手のうち、10年以上のベテラン選手に絞って血液型の統計をとってみました。

次ページ上の表を見てください。

A型のシェア率は34・2％であり、人口比からするとちょっと低くなっています。

また O型は36・6％であり、A型を抜いてトップに立っています。B型は人口比とあまり変わりません。

さらに10年以上のベテラン選手のうち、1軍にいる選手に絞って統計をとってみましょう。

次ページ下の表「1軍の10年以上のベテラン選手の血液型分布」を見てください。

A型は33・9％とさらにシェアを落とし、O型は37・2％とさらにシェアを増やしています。

A型は日本人の血液型分布と比べると、4ポイント以上も低くなっています。逆にO型は7ポイント以上も高くなっています。

これを見たとき、プロ野球選手は**入団するときには血液型による差はないけれど、活躍期間が長くなれば、A型が落ちていき、O型が増えていく傾向にある**といえます。

12球団の10年以上のベテラン選手の血液型分布

2015年末現在（合計202人）

A型　69人

B型　45人

O型　74人

AB型　14人

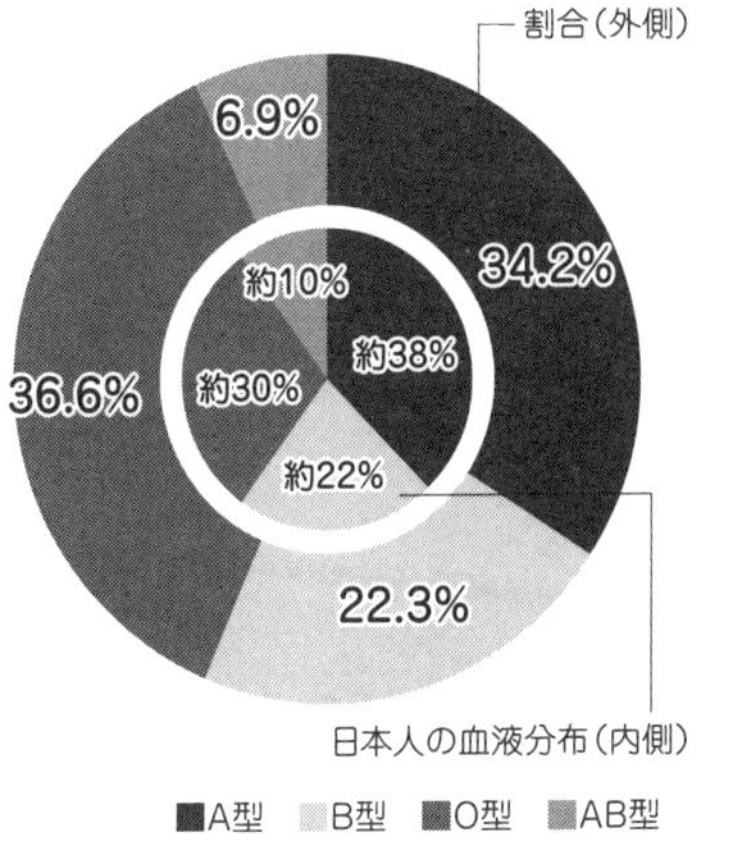

1軍の10年以上のベテラン選手の血液型分布

2015年末現在（合計202人）

A型　69人

B型　45人

O型　74人

AB型　14人

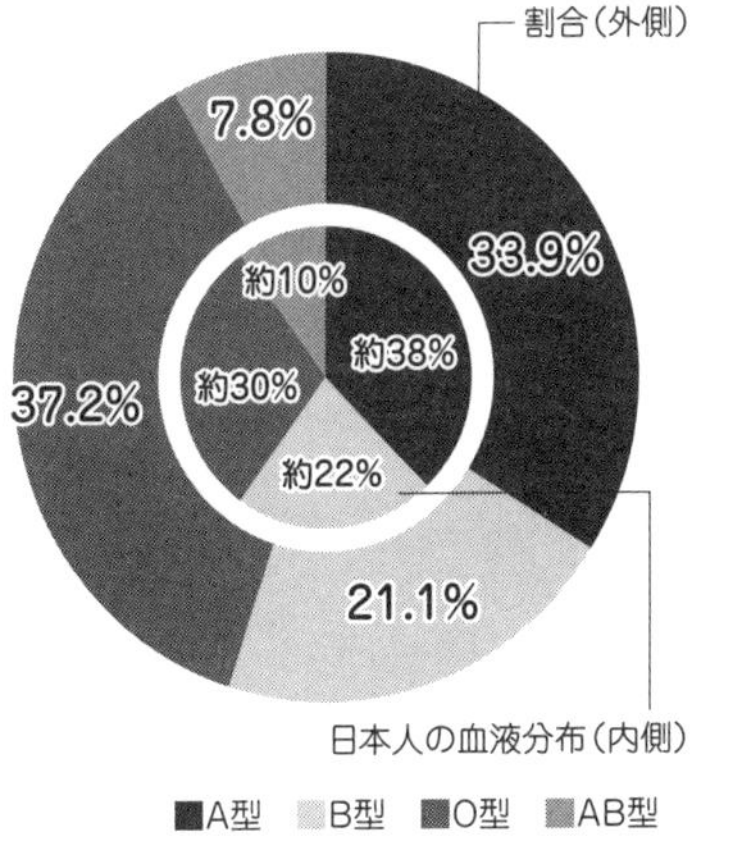

これで、歴代記録ランキングにA型が少ないことの要因がぼんやり見えてきました。

歴代記録の上位に名を連ねている選手とは、当然のことながら長い期間、稼働しています。つまりは稼働期間が長いほど、歴代記録を残しやすいのです。

となると、A型は比較的稼働期間が短いので、歴代記録を残しにくいという結果になります。

そしてO型は稼働期間が長い選手が多いので、それがそのまま歴代記録につながっているのです。

A型の選手は稼働期間が短い

「A型の選手は稼働期間が短いから、記録を残しにくいのではないか」

という仮説が妥当かどうかを検討するために、さらにほかのデータを見てみましょう。

先ほどは、ホームラン歴代10位、安打歴代10位のデータを見ましたが、もう少し範囲を広げて30位までのデータを見てみます（56ページ上段の表参照）。

安打数の歴代30位までのA型のシェアは17％です。そして、20位までのシェアは15％になり、10位以内となるとゼロになるのです。つまり、順位が低いところでは、A型も若干の人数はいる、しかし、順位が上がるほどにA型が激減していくのです。

そして安打歴代記録の上位全般において、A型のシェア率は非常に低いといえます。

次にホームランの歴代30位までを見てみましょう（56ページ中段の表参照）。

ホームランの歴代30位までのA型のシェアは30％です。30％という数字は、日本人の血液型分布と比べるとかなり低いですが、安打歴代30位のシェア率17％と比べればかなり高いといえます。そしてホームラン歴代20位以内となると、A型のシェアはガクンと減って20％となり、10位以内になるとゼロになるのです。

これを見ると、A型は歴代ホームラン数ではそこそこ健闘しているけれど、歴代安打数ではまったく他の血液型に歯が立たない状態だと言えます。

この原因は何なのか探りますと、やはり「稼働期間」に突き当たるのです。

安打数の30位以内に入るには、２１２０本以上の安打を打たなくてはなりません。このためには、だいたい2割8分くらいの打率を17～18年続けていないと達成できません。

一方、ホームランの歴代30位以内に入るには、３４８本以上を打てばいいのです。ホー

安打歴代30位までの血液型別シェア

	10位以内	20位以内	30位以内	日本人の血液分布
A型	0人（0%）	3人（15%）	5人（17%）	約38%
B型	5人（50%）	8人（40%）	11人（27%）	約22%
O型	5人（50%）	9人（45%）	14人（37%）	約30%
AB型	0人（0%）	0人（0%）	0人（0%）	約10%

ホームラン歴代30位までの血液型別シェア

	10位以内	20位以内	30位以内
A型	0名（0%）	4名（20%）	9名（30%）
B型	5名（50%）	6名（20%）	8名（26.7%）
O型	5名（50%）	9名（45%）	11名（36.7%）
AB型	0名（0%）	1名（5%）	2名（6.7%）

プロ野球の状況別のA型シェア率

プロ野球全体のシェア率 37.0%

▼

プロ野球1軍のシェア率 36.5%

▼

10年以上のベテラン1軍選手 33.9%

▼

歴代安打数30位以内 17%

▼

歴代安打数20位以内 15%

▼

歴代安打数10位以内 0%

ムラン25、26本を14～15年打てば達成できる数字です。

実際に、安打数歴代30位以内の選手は、最低でも17年以上の稼働期間があります（長嶋茂雄など）。が、ホームラン歴代30位以内の選手は、最低15年の稼働期間でいいのです（原辰徳など）。

稼働期間の15年と17年の差は大きいといえます。10年以上のベテラン選手というのはケガも多いため、1年1年が勝負になります。だから15年でやめるのと、17年でやめるのとでは、たった2年でも大きな差があるはずです。

そしてこの2年の差が、歴代安打と歴代ホームランのA型のシェア率に響いていると考えられるのです。

先ほど、ご紹介したように、A型はベテラン選手のシェア率が大きく落ちていきます。

A型は他の血液型より、選手生命が短いのです。

そのため歴代安打数のような長年稼働していないとランクインできない分野では、A型のシェア率が非常に低いのです。

このように、いくつかのデータがつながって、歴代打撃記録の血液型の偏在が理論的に説明できるのです。

プロ野球歴代ホームラン数 11位～30位

11	金本知憲	476本	O型
12	田淵幸一	474本	A型
13	土井正博	465本	O型
14	長嶋茂雄	444本	B型
15	秋山幸二	437本	O型
16	小久保裕紀	413本	AB型
17	中村紀洋	404本	O型
18	山崎武司	403本	A型
19	山内一弘	396本	A型
20	阿部慎之助	388本	A型
21	大島康徳	382本	O型
22	原辰徳	382本	A型
23	小笠原道大	378本	A型
24	江藤慎一	367本	A型
25	江藤智	364本	A型
26	村田修一	360本	AB型
27	中村剛也	357本	O型
28	松中信彦	352本	B型
29	掛布雅之	349本	B型
30	有藤道世	348本	A型

プロ野球安打数歴代 11位～30位

11	立浪和義	2480本	A型
12	長嶋茂雄	2471本	B型
13	土井正博	2452本	O型
14	石井琢朗	2432本	B型
15	落合博満	2371本	O型
16	川上哲治	2351本	A型
17	山本浩二	2339本	B型
18	榎本喜八	2314本	O型
19	高木守道	2274本	O型
20	山内一弘	2271本	A型
21	大杉勝男	2228本	O型
22	大島康徳	2204本	O型
23	新井貴浩	2178本	B型
24	若松勉	2173本	B型
25	稲葉篤紀	2167本	O型
26	広瀬叔功	2157本	A型
26	秋山幸二	2157本	O型
28	宮本慎也	2133本	O型
29	清原和博	2122本	B型
30	小笠原道大	2120本	A型

これでプロ野球の歴代打撃記録者にA型が少ないことが**「単なる偶然」ではない**とわかっていただけたはずです。

「投手に向いている血液型」というのはない

これまで、「A型は選手生命が短いためにプロ野球歴代記録のシェア率が少ないのではないか」という推論の証拠となるデータを見てきました。

が、A型の歴代記録シェア率が低いのは、それだけが原因でしょうか？

A型は、歴代成績の打撃部門10傑には入っていませんが、投手部門の歴代10位の中には何人か入っています。

これはどういうことなのでしょうか？

このことについても、データを詳細に分析してみましょう。

まず、ポジション別に血液型の偏在がないのか確認をしてみましょう。

2015年時点でのプロ野球全選手のポジション別の血液型統計をとってみました。

最初は投手です。

次の表のように、1軍、2軍とも投手の約40%がA型です。日本人全体の血液型分布と比べれば若干高いものの、それほど大きな差はありません。

だから、投手の全体の血液型による偏在は、ほとんどないことがいえるでしょう。

つまり、

「特別に投手に向いている血液型というのはない」

「どの血液型も同じ程度投手に向いている」

と言えるはずです。

2015年末のプロ野球「投手」の血液型分布
〈1軍〉283人
A型→115人　40・6%
B型→62人　21・9%
O型→81人　28・6%
AB型→25人　8・8%

〈2軍〉253人

A型→101人　39・9％
B型→54人　21・3％
O型→75人　29・6％
AB型→23人　9・1％

（1軍と2軍）536人

A型→216人　40・3％
B型→116人　21・6％
O型→156人　29・1％
AB型→48人　9・0％

次に捕手を見てみましょう。
63ページのように、A型は1軍2軍とも40％を少し超えています。
日本人のA型の血液分布は38％なので、人口比より少し多いといえます。
他の血液型は、1軍、2軍とも人口比とほぼ同じです。

これは、もしかしたら捕手のポジションは、A型が向いているのかもしれません。

そして捕手というポジションは、あまり打撃を期待されないポジションです。選手本人も、打撃よりも守備を優先することが多く、他の野手に比べれば打順は下位の場合が多く、打撃成績も低くなりがちです。

A型は捕手が多いので、歴代打撃部門に名前を残しにくいことが推測されます。

つまり、次のような推論が成り立つのです。

A型は捕手の割合が多い
←
捕手はそれほど打撃に力は入れないでいい
←
歴代打撃部門にA型がいない

捕手というポジションは、投手をリードする上に、守備全体の要でもあります。巷では、よく**「A型は責任感が強い」**と言われます。「A型に捕手が多い」ということは、それを体現している可能性があります。サッカーではゴールキーパーにA型が多いのですが（90ページ参照）、いずれも「責任感が強いA型」という通説に通じるものだと思われます。

2015年末のプロ野球「捕手」の血液型分布

〈1軍〉61人
A型↓26人　42・6％
B型↓13人　21・3％
O型↓16人　26・2％
AB型↓6人　9・8％

〈2軍〉27人
A型↓12人　44・4％
B型↓5人　18・5％
O型↓8人　29・6％
AB型↓2人　7・4％

（1軍と2軍）88人

A型→38人　43・2%
B型→18人　20・5%
O型→24人　27・3%
AB型→8人　9・1%

内野手と外野手はA型が少ない

次に、内野手を調べてみましょう。

左の表を見てください。

1軍、2軍の総計では、A型は32%程度であり、日本人の比率と比べると6ポイントも低く、明らかに少ないといえます。

しかもそれが1軍に絞ると、29・8%となり、さらに少なくなります。

この数値を見ると、**「A型の内野手は少ない」**ということが明らかに言えます。

そして、B型とO型の内野手は多いといえます。

B型の1軍内野手は、27・4％であり、O型の1軍内野手は34・7％です。日本人の血液分布比率と比べると、それぞれ5ポイント程度高くなっています。これは偶然では片づけられない異常値だといえます。

だからB型とO型は、A型よりも内野手に向いていると言えるはずです。

2015年末の内野手（ファースト、セカンド、サード、ショート）の血液型分布

〈1軍〉124人

A型→37人　29・8％

B型→34人　27・4％

O型→43人　34・7％

AB型→10人　8・1％

〈2軍〉43人

A型→17人　39・5％

B型→6人　14・0％

O型→18人　41・9％

ＡＢ型↓2人　4・7％
合計（1軍と2軍）167人
Ａ型↓54人　32・3％
Ｂ型↓40人　24・0％
Ｏ型↓61人　36・5％
ＡＢ型↓12人　7・2％

次に外野手を見てみましょう。

外野手の比率は、内野手の傾向をもう少しエスカレートした感じになります。

外野手1軍のＡ型は28・3％で、日本人の血液型分布と比べると10ポイントも少なくなっています。

そして、Ｂ型は5ポイント、Ｏ型は8ポイント以上高くなっています。

つまりは内野手、外野手およびベテラン選手はＯ型、Ｂ型が多く、Ａ型が少ないと言えます。

２０１５年末の外野手（レフト、センター、ライト）の血液型分布
〈１軍〉１０６人
A型↓30人 28・3％
B型↓27人 25・5％
O型↓41人 38・7％
AB型↓8人 7・5％
〈2軍〉33人
A型↓9人 27・3％
B型↓14人 42・4％
O型↓9人 27・3％
AB型↓1人 3・0％
合計（1軍と2軍）１３９人
A型↓39人 28・1％
B型↓41人 29・5％
O型↓50人 36・0％

AB型↓9人　6・5%

A型とAB型は投手志向が強い

前項までポジション別の血液型分布を見てきましたが、今度は逆に、血液型別のポジション割合を見てみたいと思います。

各血液型のうちで、投手、捕手、内野手、外野手の割合がどの程度なのか、ということです。

次ページを見てください。

A型とAB型は、選手全体の62%が投手です。

しかし、B型とO型の投手割合は選手全体の54%しか投手はいません。8ポイントも差があるのです。

また捕手の割合も同様に、A型とAB型が10%程度で、B型とO型は8%にとどまっています。

そして、当然、内野手、外野手はその逆になっています。

プロ野球血液型別ポジション割合

	投手	捕手	内野手	外野手
A型	216（62%）	38（11%）	54（16%）	39（11%）
B型	116（54%）	18（8%）	40（19%）	41（19%）
O型	156（54%）	24（8%）	61（21%）	50（17%）
AB型	48（62%）	8（10%）	12（16%）	9（12%）

これを見るとA型とAB型はそもそも投手、捕手の割合が高く、野手割合が低いといえます。

これで、なぜ打撃の歴代記録にA型、AB型がいないのかということのつじつまが合ったといえます。

打撃の歴代記録というのは、主に内野手、外野手として長く活躍した選手が、ランクインできるものです。

内野手、外野手やベテラン選手が少ないA型、AB型は、必然的に打撃の歴代記録に名を連ねることができなかったという推論が成り立ちます。

そしてA型、AB型は、ベテラン選手は少ないけれど、投手の人口比程度の人数がいるため、投手の歴代成績には少しは名を連ねることができたということです。

このように、単年度のプロ野球全体の統計分析と、長年にわたる個人記録の統計分析に、関連性が見られたのです。

「単年の大人数の記録」と「長年の個人の記録」の傾向が一致したことは、血液型の偏在を立体的に説明することができた可能性があります。

つまり血液型の偏在が、短い期間や少ない人数の中で偶然に起こったものではなく、大きなデータの流れの中で確認できたのです。

そして選手寿命だけじゃなく、**投手、捕手、野手などのポジション志向が、血液型によって違う**ことも判明したわけです。これは、血液型の本質を探る上で、重要な事実だと思われます。


本当は現在の全選手の血液分布だけではなく、現在の選手がまったくいない、30年前の血液分布などもわかれば、さらに立体的にこの血液型の偏在を見ることができたのですが、30年前のプロ野球選手の血液分布を調べるには、信頼性のおけるデータがないのです。

プロ野球名鑑は、数十年前から発刊されており、それには血液型が載っているものもあります。ですが、古い名鑑に載っている血液はいい加減なものが多いのです。

たとえば、1986年度版の選手名鑑では、桑田真澄投手と山田久志投手の血液型がA型になっていたのです。桑田投手の本当の血液型はAB型であり、山田久志投手の本当の血液型はO型です。おそらく当時の編纂者が、選手の血液型がよくわからなかったので、「とりあえず、日本人に一番多いA型にしておけばいいか」という感じになっていたのでしょう。

桑田投手や山田投手のような超有名選手でさえ、誤った記載をされているのだから、他の無名な選手の血液型が正確に記載されているとは到底、思えません。このため筆者は、当時の統計分析をするのを諦めてしまいました。

現在のようにネットが発達していない時代ではいい加減なことを書いても指摘されたり、批判されたりするチェック機能がなかったので、そういうことになっているのでしょう。だから、現在より古いデータは、あまり信用性がないのです。

ただ、ここに取り上げたデータだけでも、かなりの異常値であり、単に**「偶然だ」**と片づけるには、あまりにできすぎています。

普通は、「そこに何かあるのではないか」と疑うはずですし、少なくとも、「専門家は、この点についてもっと深く調べてみるべきだ」と思うはずです。

繰り返しますが、精神医学界や心理学界の人たちは、このあたりについても、もっときちんと調査をすべきだと思われます。それだけの問題提起は、もう充分にされているはずなのです。

名監督にはA型が多い

このように、A型の選手はプロ野球で長く活躍するのに向いてないように見えます。ですが、A型がプロ野球に向いていないかと言えば、決してそうではありません。実は監督の成績を見ると、A型が非常に優れていることが判明したのです。

次ページは、リーグ優勝回数の歴代10位までの監督と、日本一の回数が歴代10位までの監督を並べた表です。

リーグ優勝では、A型は11人中4人が名を連ねています。A型のシェアは36%であり、日本人の人口比よりはほんの少し低い数値（ほぼ同じ）です。なので一見、A型の監督は人口比どおりの活躍をしたように見えます。

が、プロ野球の監督は、有名だった選手が監督に選ばれるケースが多いものです。コーチや監督の経験がまったくないまま、有名選手が監督になるケースもかなりあります。そ

リーグ優勝回数歴代10位の監督

1	川上哲治	11回	A
1	鶴岡一人	11回	AB
3	藤本定義	9回	A
3	水原茂	9回	O
5	森祇晶	8回	O
5	西本幸雄	8回	O
7	原辰徳	7回	A
8	三原脩	6回	A
9	上田利治	5回	O
9	野村克也	5回	B
9	長嶋茂雄	5回	B

日本一数歴代10位のプロ野球監督

1	川上哲治	11回	A
2	藤本定義	7回	A
3	森祇晶	6回	O
4	水原茂	5回	O
4	三原脩	5回	A
6	鶴岡一人	4回	AB
7	原辰徳	3回	A
7	上田利治	3回	O
7	野村克也	3回	B
7	古葉竹識	3回	O
7	広岡達朗	3回	A

の点、A型は非常に不利です。前述したように、プロ野球の各部門の歴代上位の中に、A型はあまりいないのです。そういう状況の中で、監督に選ばれて成績を残している事実は、A型が監督としての手腕に長けていると言えるでしょう。

日本一の回数の歴代10位までの監督を見れば、それはさらに顕著になります。

全11人のうち(同数7位が5人)A型は5人もいます。A型のシェアは45%であり、人口比よりも高くなっています。

リーグ優勝というのは、百数十試合を戦って勝率を争うものです。チームの総合力や、選手の育成力がモノを言います。優勝するには監督に、選手を育て、チームの総合力を高める手腕がなければなりません。A型は、そういう教育指導者的な面で長けていると言えます。

一方、日本一を決める日本シリーズは、最大7回しか行なわない短期決戦です。監督には、選手の勢い、ゲームの流れを見極める能力が問われます。つまり短期決戦での采配でもA型は強い可能性があります。

ただ、この監督についてのデータは、サンプル数が少なすぎるので、そこまで明確なものではありません。まあ、参考程度にしといてください。歴代強打者などのデータと比べれば、A型はかなり健闘していることは事実です。A型は打者としてはなかなか大成功している人はいませんが、監督としては大成功している人が多いのです。

第3章

サッカー日本代表にB型がいない不思議

サッカーの日本代表にはB型がいない？

野球だけではなくサッカーという競技も、血液型に大きな偏りがある競技です。一番わかりやすいデータは、サッカーの日本代表です。

今年は、ワールドカップの年です。ワールドカップ直前に監督が交代するなど、ごたごたしております（2018年4月現在）。

本書を執筆する時点ではワールドカップの出場選手は、まだ決まっておらず、また一度や二度しか出場経験のない選手の血液型を調べても、あまり統計的な価値はありません。なので、日本代表の歴代出場数の上位10人を調べてみたいと思います。

歴代出場数が多いということは、いろいろな監督に起用されている証拠なので、客観的に見て実力があるといえます。

78ページの表を見てください。A型は2人で、人口比から見れば若干少なくなっています。O型は5人で半分を占めており、人口比から見れば若干、多いといえます。AB型は3人もおり、人口比から見ればかなり多くいます。

が、このデータで特筆すべきは、B型です。

なんと上位10人の中に、B型は1人もいないのです。

プロ野球の歴代記録では、大きなシェアを占めていたB型は、ここではまったくシェアがないのです。

これは一体どういうことでしょう?


その原因を探るために、もう少しデータの範囲を広げてみましょう。

サッカー日本代表の歴代出場数の上位20位までを見ていきましょう。

20位までの集計を見ると、A型は6人で30%、O型は10人で50%となっており、A型は日本人の人口比率から見るとちょっと少なく、O型はちょっと多いということになります。

そして、AB型は4人で20%なので、人口比率よりもかなり多いということが言えます。

が、ここでも特筆すべきはB型です。

なんと、上位20人の中にさえB型は1人も入っていないのです。

B型は、日本の人口の2割近くを占めています。


日本人を無作為に20人抽出した場合、その中にB型がまったく入っていない可能性は、

サッカー日本代表出場数ランキング10位まで
（2017年3月現在）

順位	氏名	血液型
1位	遠藤保仁	AB
2位	井原正巳	O
3位	川口能活	A
4位	岡崎慎司	O
5位	中澤佑二	AB
6位	長谷部誠	O
7位	長友佑都	O
8位	中村俊輔	O
9位	今野泰幸	A
9位	本田圭佑	AB

サッカー日本代表出場数ランキング11位から20位まで
（2017年3月現在）

順位	氏名	血液型
11位	三浦知良	A
11位	香川真司	A
13位	稲本潤一	O
13位	三都主アレサンドロ	A
13位	川島永嗣	O
16位	吉田麻也	O
17位	都並敏史	A
17位	駒野友一	O
19位	中田英寿	O
19位	楢崎正剛	AB

サッカー日本代表出場数ランキング20位までの集計値

	人数	割合	日本全体の血液型分布
A型	6人	30%	約38%
B型	0人	0%	約22%
O型	10人	50%	約30%
AB型	4人	20%	約10%

0・07%なのです。

これは確率的に言えば、1400回に1回しか起こらない出来事なのです。

つまり、サッカーの日本代表の血液分布というのは、1400回に1回しか起きる可能性のない現象が起きているのです。

これを偶然と言えるでしょうか？

B型が登場するのは、ようやく21位です。往年の名選手、釜本邦茂選手がここで出てくるのです。が、釜本選手が活躍していたのは、ほぼ半世紀前のころです。近年のサッカー日本代表では、B型選手は非常に少ないのです。

歴代得点ランキングにもB型はいない

なぜサッカー日本代表にB型がほとんどいないのか？

それを調べるために、個人記録のデータを分析したいと思います。

サッカーは、野球のようにランキングされている個人記録があまりありません。野球であれば、投手の勝利数、セーブ数、打者の本塁打、安打、打点などさまざまな個人記録がたくさんありますが、サッカーは、得点ランキングくらいしかないのです。サッカーの得点は、主にフォワードの人が担うものなので、得点ランキングは「優秀なフォワードのランキング」に近いものがあります。その点を留意して、ランキングを分析してみたいと思います。

左の表を見てください。

なんと、得点ランキング10位の中にB型は1人も入っていないのです。B型が登場するのは、ようやく18位なのです。

これは、Jリーグの歴代得点ランキングなので、Jリーグ発足以前の名ストライカーだった釜本邦茂選手は入っていません。が、それを差し引いたとしても、17位以内に1人もB型が入っていないのは、異常値だと言えます。

先ほどの日本代表の出場回数ランキングは、海外で活躍している選手が多く含まれるため、Jリーグの得点王ランキングとあまり重複している人はいません。

つまり、海外で活躍しているトップの日本人選手、国内で活躍しているトップの日本人

Jリーグ歴代得点ランキング（2018年4月18日現在）

順位	氏名	得点数	血液型
1位	大久保嘉人	180	A
2位	佐藤寿人	161	A
3位	中山雅史	157	O
4位	前田遼一	153	AB
5位	三浦知良	139	A
6位	興梠慎三	124	O
7位	柳沢敦	108	O
8位	遠藤保仁	102	AB
9位	藤田俊哉	100	A
10位	玉田圭司	96	AB
11位	城彰二	95	O
12位	武田修宏	94	O
12位	森島寛晃	94	A
12位	久保竜彦	94	A
12位	豊田陽平	94	A
16位	福田正博	91	AB
17位	長谷川祥之	89	AB
18位	播戸竜二	87	B
19位	澤登正朗	85	B
19位	渡邉千真	85	O

Jリーグ歴代得点ランキング10位までの集計値

A型　4人

B型　0人

O型　3人

AB型　3人

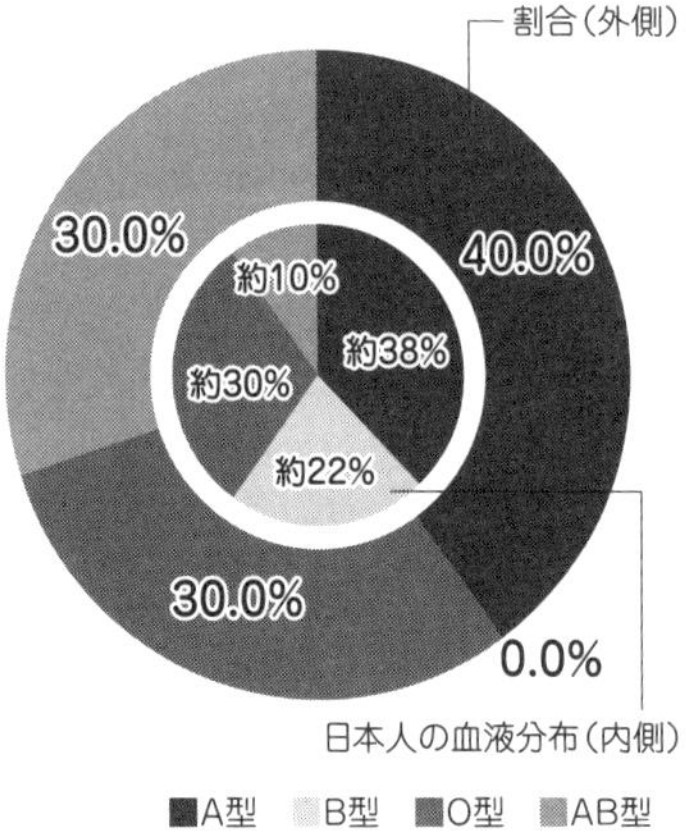

選手、その両方において、B型は異常に少ないといえるのです。

日本代表の出場回数ランキングの20位以内にB型が入っていないのは、確率的には0・07%と前述しました。得点ランキングでも16位以内にB型が1人もいない可能性は、2・25%なのです。

相違する2つのデータ分析において、非常にまれにしか起こらない現象が起きているのです。しかも、この2つのデータは、「トップ選手にB型はいない」という同じ結論を示しているのです。

これは、絶対に「偶然」ではありえないことなのです。

日本のサッカーのトップにおいて、なぜこ

れほどB型は少ないのでしょうか？

さらに他のデータからも探っていきたいと思います。

サッカーはO型が強い？

とりあえず、J1の全選手の血液型の統計を取ってみましょう。

全選手の血液型で、そもそもどの血液型が多いのか、B型は全選手のシェアも少ないのか、を探っていきたいと思います。

84ページ上の「J1選手の血液型分布」の表を見てください。

サッカーというスポーツはO型の選手が非常に有利であることがわかります。

まず、全選手の内訳を見てみますと、もっとも多い血液型はA型で34・1％となっています。

しかし、O型は、A型とほとんど同じ割合の33％となっています。日本人の人口比では、A型とO型は10ポイント近くの差があるので、J1ではO型はその差を大幅に縮めているといえます。

2015年のJ１選手の血液型分布

A型　170人

B型　115人

O型　167人

AB型　47人

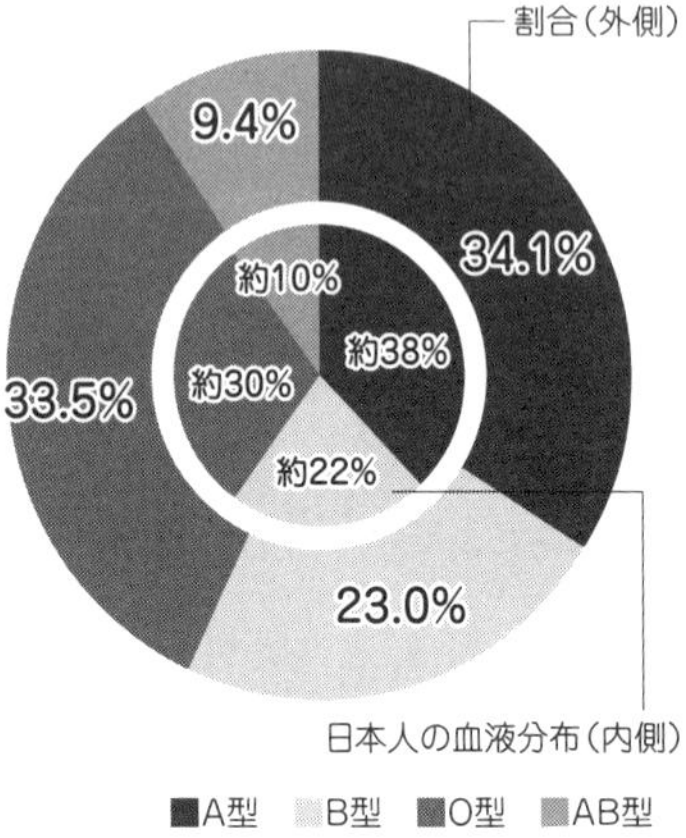

2015年のJ1選手レギュラー（20試合以上出場）の血液型分布

A型　51人

B型　39人

O型　70人

AB型　26人

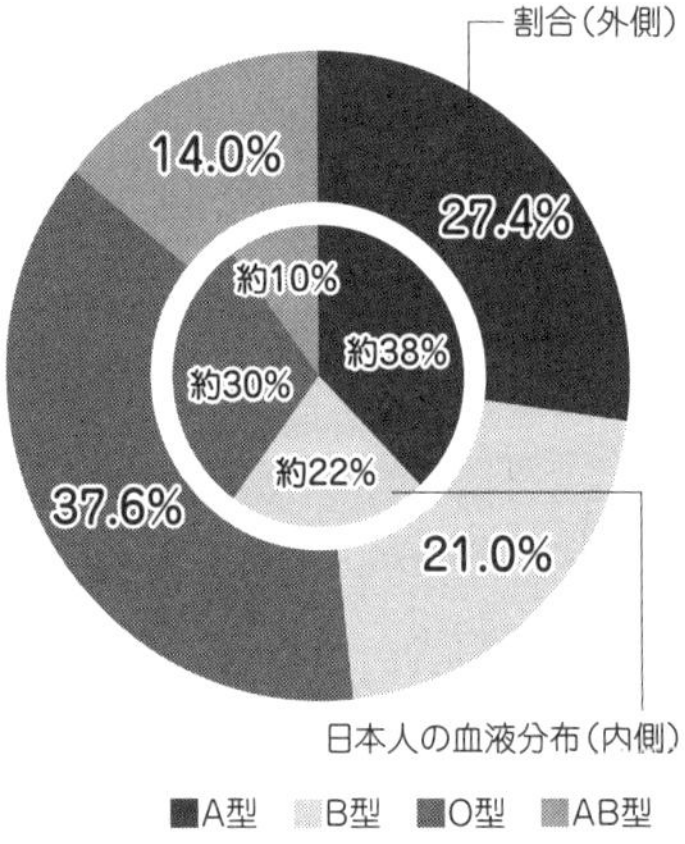

そして「活躍している選手」に絞っていくと、O型の割合はどんどん高くなっていきます。

84ページ下の表「J1選手レギュラーの血液型分布」を見てください。

2015年に、J1で年間20試合以上出場した選手は、全部で186人います。20試合以上出場した選手は、いわゆる「レギュラー」といえるでしょう。

この中にO型の選手はどのくらいいるかというと70人、37・6%もいるのです。これは日本の人口比と比べると、かなり多いといえます。

A型を抜きトップです。というより、A型は27・4%しかいませんので、10ポイントも差をつけています。

次にベテラン選手に目を移してみましょう。

「J1ベテランの血液型分布」の表を見てください。

これは30歳以上のベテラン選手の統計です。サッカー界では、30歳以上はベテランと言えます。

この30歳以上のベテラン選手は、J1には127人います。

2015年のJ1選手ベテラン（30歳以上）の血液型分布

A型	39人
B型	29人
O型	47人
AB型	12人

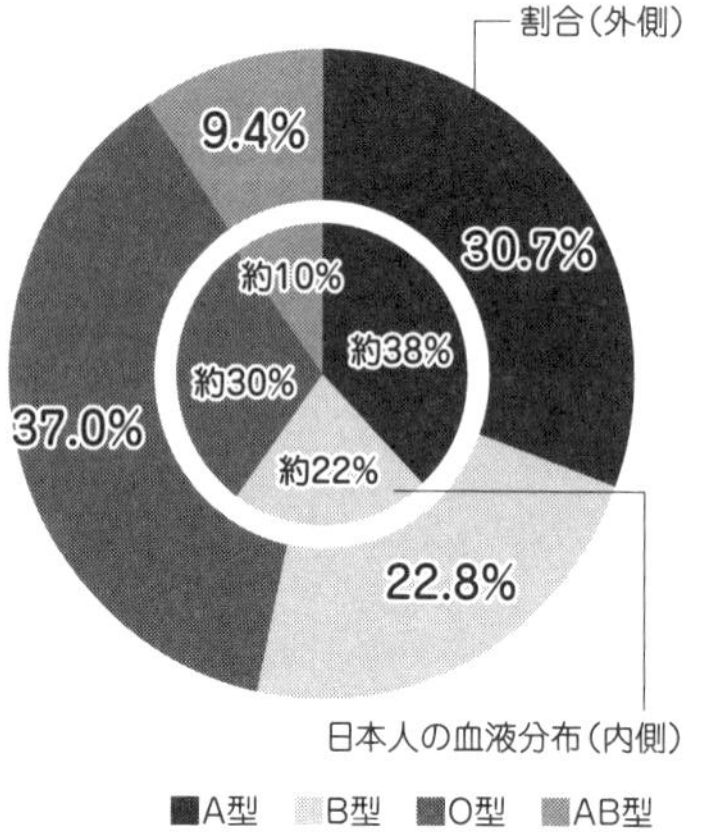

その中で、O型は47人、37・0%を占めています。A型の30・7%を大きく引き離してトップです。

つまり、O型は、レギュラーで長く活躍している選手の割合が非常に多いといえるのです。

ところで、肝心のB型を見てみましょう。

B型の数値は、「J1全体」「J1レギュラー」「J1ベテラン」のどの数値を見ても、日本人の人口比とほぼ同じです。

つまりは、プロのサッカー選手として活躍する上では、B型の不利は認められないということなのです。B型の人も、他の血液型と同じ確率で、サッカー選手になれるのです。ところが日本代表や得点ランキングなど、プロサッカーの「トップ部分」にだけB型は急にいなくなるのです。

それは一体なぜなのでしょうか？

フォワードはO型が多い

次にポジション別の血液型分布を見ていきたいと思います。

サッカーでは、フォワード、ディフェンダー、ゴールキーパーではそれぞれ役割が違います。おそらく、それぞれのポジションに合う性質の人、合わない性質の人というのがあると思われます。

では、それぞれの血液型構成は、それぞれのポジションで血液型分布が明確に異なるのです。

まずサッカーの花形ともいえるFWというポジションに絞って分析してみましょう。

2015年のJ1には、88人のFWがいました。

このうち、O型は36人、40・9％も占めています。もちろん、A型や他の血液型を大きく引き離しています。

そして、J1のFWのうち年間20試合以上出場したいわゆる「レギュラー」は、33人います。そのうち、O型は17人で51・5%を占めています。実に半分以上がO型なのです。

サッカーは、まず肉体的に非常にハードなスポーツです。そして、複雑なチームプレーをこなせる協調性と頭脳も持っていなければなりません。

またFWというポジションは、肉体的なポテンシャルはもちろんのこと、的確な判断力と、ここぞというときに動じない精神力が求められます。

O型は、そういう要素が強いのかもしれません。

そしてB型に着目した場合、意外な事実がわかってきました。

B型は、FWが17名います。シェア率は19・3%です。B型の日本人の血液シェアは、約22%なので、若干、少ないといえます。が、目を引くほど少ないわけではありません。

しかし、FWのレギュラー（20試合以上出場）を見てみると、B型のシェアは12・1%になってしまいます。これはかなり少ないと言えます。日本人の血液型シェアと比べると、半分近い数値です。

2015年のJ1選手FW（フォワード）の血液型分布

A型	29人
B型	17人
O型	36人
AB型	6人

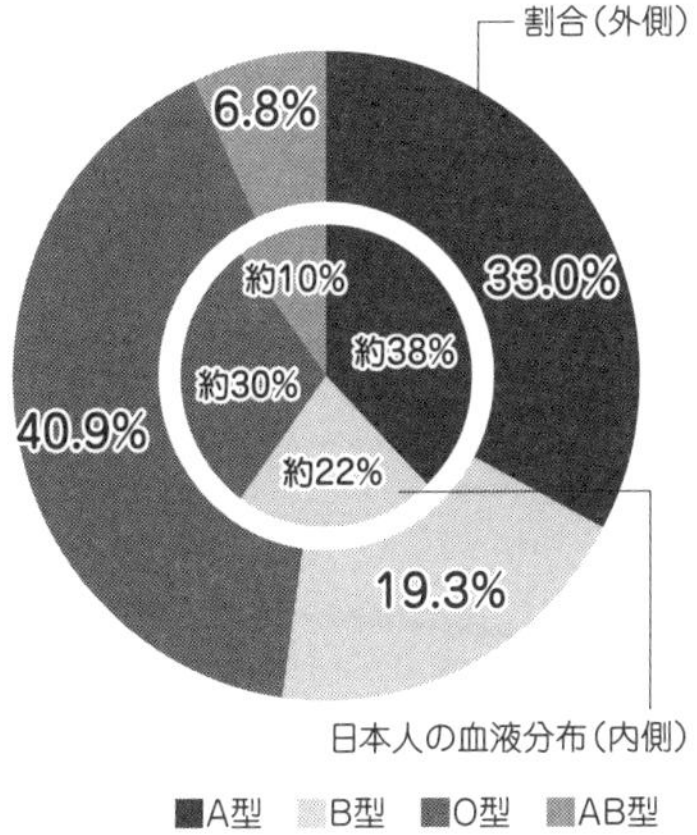

2015年のJ1選手FWレギュラー（20試合以上出場）の血液型分布

A型	33人
B型	11人
O型	21人
AB型	5人

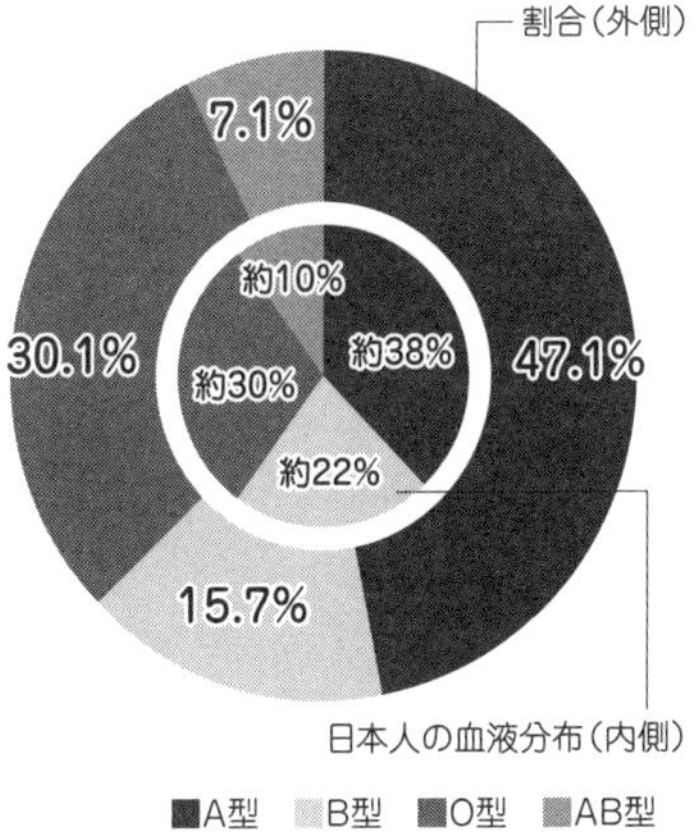

つまり、B型のFWは、全体の人数ではそれほど少なくはないけれど、レギュラー選手の割合は非常に少ないといえるのです。

歴代日本代表ランキング20位に、B型が入っていない理由が、ここで見えてきました。

ゴールキーパーはA型が多い

他のポジションも見てみましょう。

まずはゴールキーパーから。

ゴールキーパーはA型が多く、47・1%にもなっています。

ゴールキーパーのだいたい半分はA型の選手なのです。J1選手の中でのA型の割合は、34・1%なので、これはかなり高い割合だといえます。A型の選手はJ1の中で3人に1人しかないのに、J1のゴールキーパーの2人に1人はA型ということになります。

つまりA型のゴールキーパー率というのは、かなり高いと言えます。

これは、巷で言われている「血液型性格診断」に非常に近いものがあります。責任感が強いとされるA型は、ゴールキーパー向きの性格だとされてきました。そしてこのように

2015年のJ1選手ゴールキーパーの血液型分布

A型　33人

B型　11人

O型　21人

AB型　5人

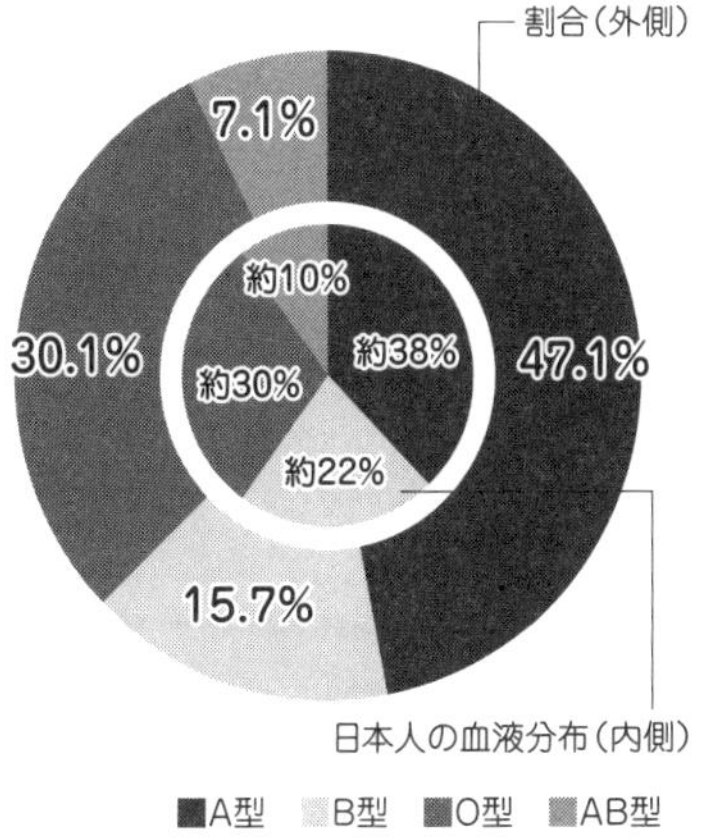

実際に、ゴールキーパーには、A型が多いのです。

では、最後にディフェンダーやミッドフィールダーを見てみましょう。

ディフェンダーやミッドフィールダーの血液型分布は、J1全選手の血液型分布とほぼ変わりません。だから、ディフェンダーとミッドフィールダーには、このデータから見れば、血液型による特徴はあまりないと言えます。

なぜトップ選手にB型が少ないのか？

サッカー日本代表の出場回数、Jリーグ歴代得点ランキングの20位の中にB型が1人もいないことについて、さまざまなデータから探ってきました。しかし「フォワードのレギュラーにB型は少ない」事実以外は、有力な理由は見つかりませんでした。B型にフォワードのレギュラーが少ないことに関しても、その理由が何なのか、今のところ、まったくわかりません。

巷では、よく**「B型の人はチームプレーに向いていない」**と言われます。

野球の場合もチームプレイですが、野球はまず投手と打者の一対一の戦いがベースになっています。ですので、団体競技の中では個人競技の色彩が強いといえます。

一方、サッカーは、常に仲間と連動しないと成り立たない競技なので、団体性が非常に強い競技だといえます。その団体性が強い競技のトップにおいて、B型で活躍している人がほとんどいない、ということなのです。

2015年のJ1選手ディフェンダーの血液型分布

A型	49人
B型	38人
O型	51人
AB型	12人

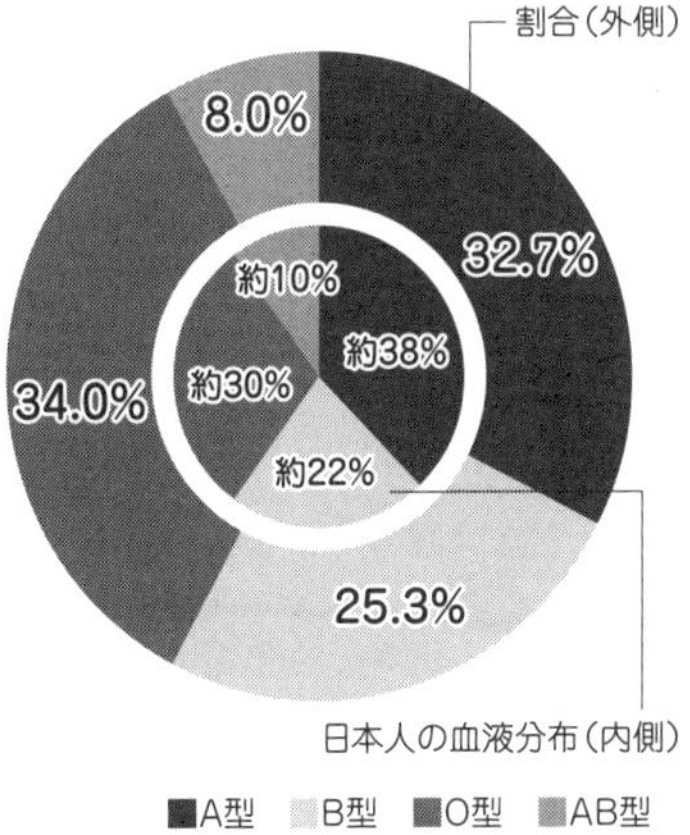

2015年のJ1選手ミッドフィールダーの血液型分布

A型	59人
B型	49人
O型	60人
AB型	24人

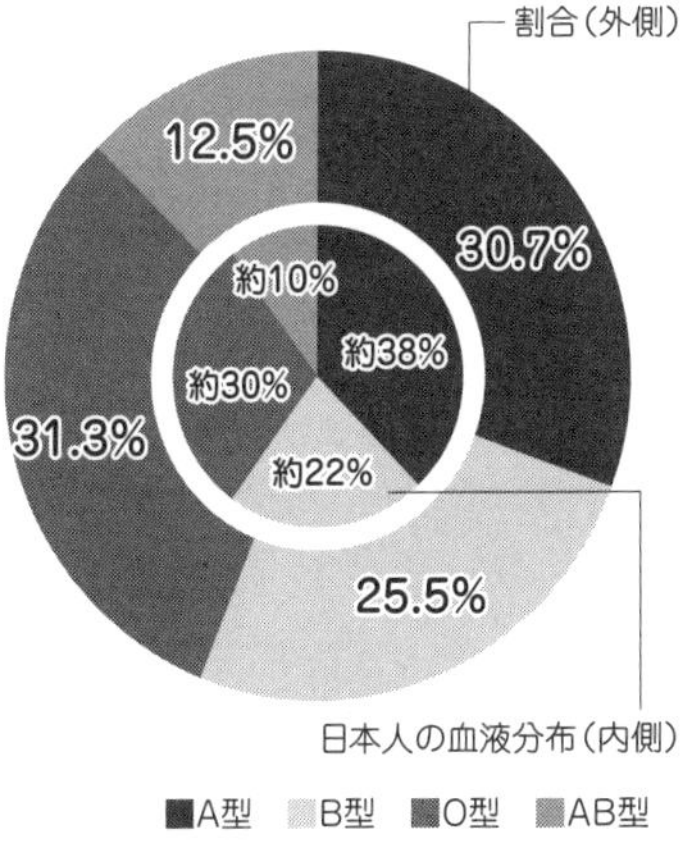

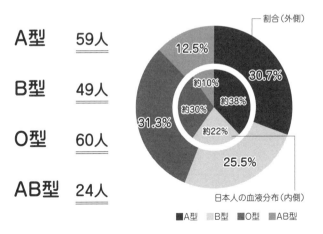

日本代表にB型はいない！

もしかしたら、サッカーのトップ選手にＢ型が少ない理由は、そこにあるのかもしれません。

この点については、誤解を招きやすい部分なので、これ以上、余計な解釈をするのは控えます。

そして、この部分について、もっと掘り下げた研究をされることを願います。それはＢ型の人たちのためでもあるのです。「自分たちの特性」というのは、生きていく上で非常に大事な情報だからです。

第4章

B型が強いゴルフと女子スポーツと血液型の影響

ゴルフはB型が強い

次にゴルフについて統計をとってみたいと思います。

ゴルフというのは、サッカーとは真逆の究極の個人競技とされています。

ゴルフは、個人でプレーするだけではなく、卓球などのように相手と直接、戦うこともありません。

ただ淡々と自分自身のスコアを競うだけのスポーツです。

相手との心理的なせめぎ合いはあっても、基本、自分1人でやるスポーツなのです。

ゴルフ界では、昔から**「B型がゴルフに向いている」**というようなことが言われていました。青木功や尾崎将司などの一流選手にB型が多かったからです。

では、実際に統計データはどうなっているでしょうか?

男子の歴代の一流選手の血液型を探るため、「国内ツアーの優勝回数のランキングベストテン」を見てみました。なぜ生涯獲得賞金ランキングにせずに、優勝回数にしたかというと、賞金は年々上がっているので最近勝利した人のほうが有利になるからです。

日本国内ツアー優勝回数ベスト10

順位	氏名	血液型	優勝回数
1位	尾崎　将司	B	94
2位	青木　功	B	51
3位	中嶋　常幸	O	48
4位	尾崎　直道	B	32
5位	片山　晋呉	B	31
6位	倉本　昌弘	AB	30
7位	杉原　輝雄	O	28
8位	中村　通	A	20
9位	池田　勇太	O	19
9位	谷口　徹	O	19

上の表を見てください。

ゴルフ界でかねてから言われていたように、やはりB型が非常に強いといえます。

ベストテンのうち4人がB型です。

B型は、日本人の血液型分布では約20%です。だから、B型はゴルフのベストテンに普通の倍の割合でランクインしているということになります。

しかも、B型の4人はいずれもベスト5の中に入っているのです。

日本人を無作為に5人抽出して、その中にB型が4人以上入っている可能性というのは、0・2%しかないのです。

日本国内ツアー優勝回数ベスト10の血液型分布

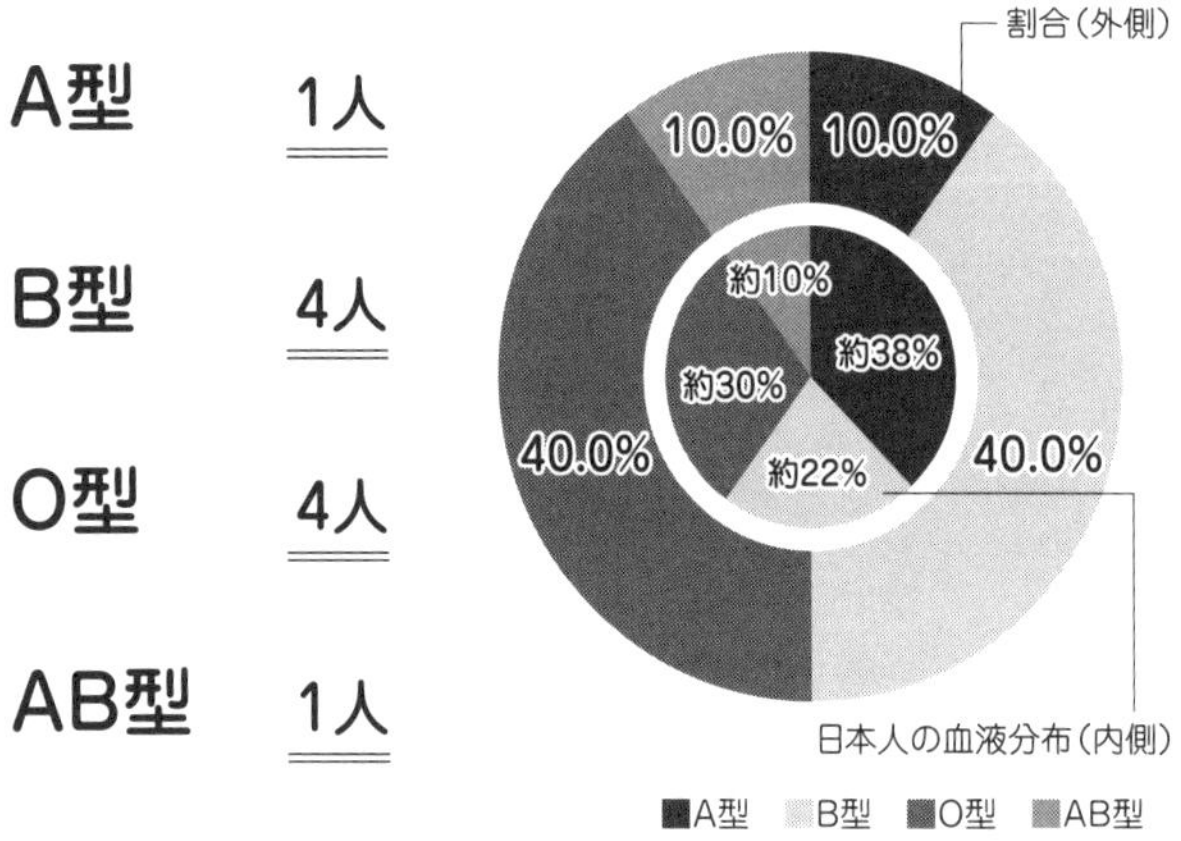

500分の1の可能性しかないのです。そういう奇跡的な状態が、ゴルフのベスト5では起こっているのです。

海外で活躍している選手もB型が多い

先にあげたランキングは、日本国内ツアーにおける優勝回数です。

ゴルフの場合、海外で活躍している選手もかなりいます。では、海外で活躍しているトップ選手の血液型はどうなっているのでしょう?

世界最大のゴルフツアーとされる「PGA」での日本人優勝経験者は5人います。

この5人のうち4人はB型なのです。これ

日本人のPGA優勝経験者の血液型（2018年4月現在）

氏名	血液型	優勝回数
松山　英樹	B	5
丸山　茂樹	B	3
青木　　功	B	1
今田　竜二	B	1
小平　　智	O	1

も奇跡に近い確率なのです。

優勝者5人のうち、4人がB型というのは、日本国内ツアーの歴代優勝者と同じパターンです。しかもPGA優勝者の中で、日本国内上位5位と重なっているのは青木功だけなのです。つまり顔ぶれがほとんど違う、日本のゴルフ成績上位5人のうち4人がB型ということなのです。

このようにゴルフの場合、国内でも海外でも、B型が非常に強いことがうかがえるのです。

「サッカー日本代表にB型がいなかった」ということと、「ゴルフでB型が強い」ということは、奇妙に符合していると推測できます。

サッカーというチームプレー競技ではあまり適していなかったB型が、ゴルフという究極の個人競技では、非常な強さを見せているわけです。

ゴルフ国内ツアー優勝回数ベスト30の血液型分布

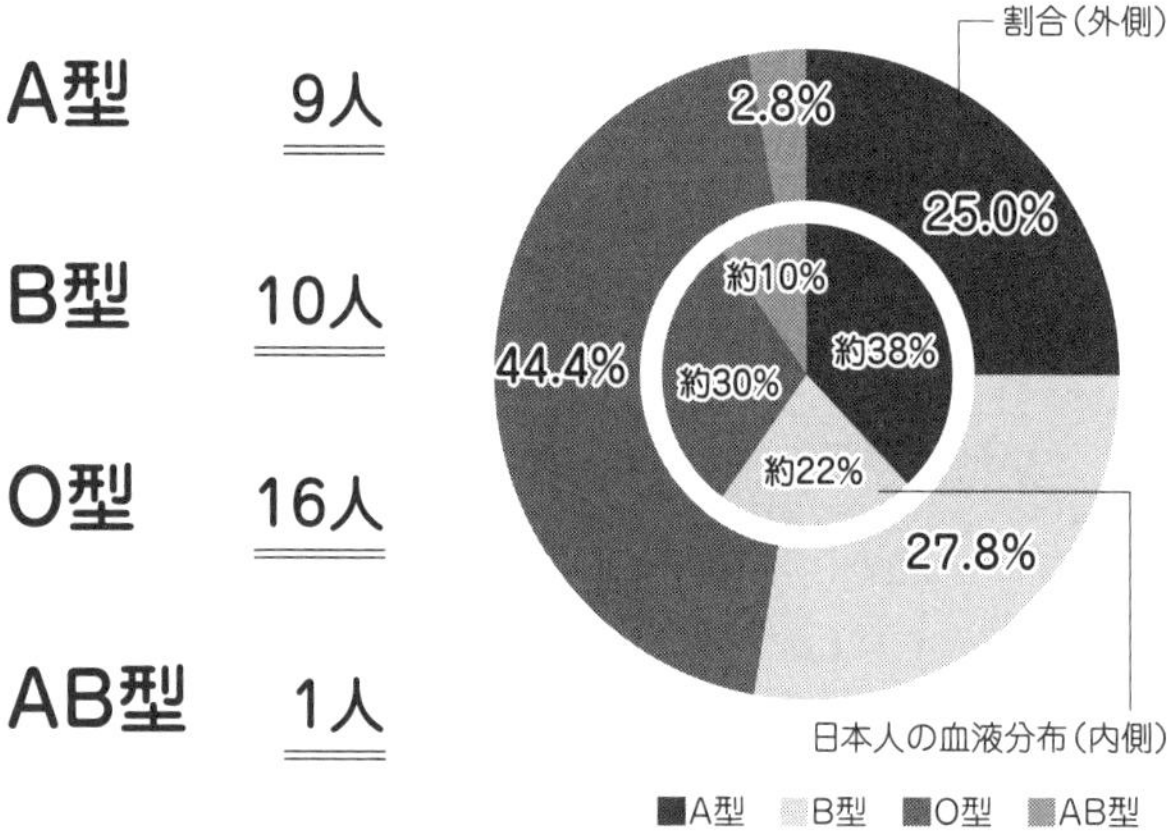

30位まではO型とB型が強い

なぜゴルフはB型が強いのか、その理由を探るため、もう少しデータの範囲を広げて検討してみましょう。

上の表を見てください。

これはゴルフ国内ツアー30位までの血液型分布です。

これを見ると、B型は27・8%であり、日本人全体の血液型分布よりも5ポイント高くなっています。だから、若干、B型は強いということになります。

が、O型は44・4%であり、日本人全体の血液型分布よりも14ポイントも高くなっています。O型もけっこう強いのです。A型は25・0%で、日本人全体の血液型分布よりも13ポイント低くなっています。

総じて言えば、B型、O型が日本人平均より多く、A型とAB型は少なくなってます。

しかしベスト10で見られるような、B型の圧倒的な強さは見られません。

これはどういうことなんでしょう?

B型は長くトップにいる選手が多い

国内優勝回数ベスト30のデータでは、「優勝回数」に着目すると興味深い事実が見えてきます。

上位の優勝回数は非常に多く、8位以下の優勝回数にはあまり差がないのです。

たとえば、7位は28回ですが、8位は20回です。1つ順位が違うだけで、8回もの差があります。しかし、8位から30位までには12回の差しかありません。8位以降はドングリの背比べだけど、それ以上に行くのは大きく回数を増やさなければならないということです。

つまり「1位から7位まで」と「8位以降」とでは、大きな壁があるのです。

現在、ゴルフの国内ツアーは年間20数回です。そして年間最多優勝者は、だいたい年間に4～5回の優勝をしています。歴代30位以内に入るには、年間最多優勝を2回くらいすればいけます。

しかし7位以上に入るには、年間最多優勝を5～6回はしなくてはならないのです。最多優勝5～6回分の成績を残すということは、実際には10年以上、トッププレイヤーとして活躍し続けなくてはなりません。

つまり、2～3年、トッププレイヤーでいれば歴代30位以内には入れるけれど、7位以内に入るには10年以上トッププレイヤーでいなければならないのです。

そして、その難関の7位以内の中に、B型は4人も入っているのです。

ゴルフにおいてB型は、長くトップにいる選手が多い、ということが言えるでしょう。

いずれにしろゴルフという競技がB型に向いているのは間違いないことです。

ゴルフ国内ツアー優勝回数　1位～30位まで

順位	氏名	血液型	優勝回数
1位	尾崎　将司	B	94
2位	青木　功	B	51
3位	中嶋　常幸	O	48
4位	尾崎　直道	B	32
5位	片山　晋呉	B	31
6位	倉本　昌弘	AB	30
7位	杉原　輝雄	O	28
8位	中村　通	A	20
9位	池田　勇太	O	19
9位	谷口　徹	O	19
11位	藤田　寛之	A	18
12位	伊澤　利光	O	16
12位	鈴木　規夫	O	16
14位	尾崎　健夫	B	15
15位	石川　遼	O	14
15位	谷原　秀人	O	14
15位	藤木　三郎	O	14
18位	山本　善隆	O	13
19位	金井　清一	O	11
19位	宮本　勝昌	O	11
19位	飯合　肇	O	11
19位	村上　隆	A	11
23位	髙橋　勝成	O	10
23位	田中　秀道	B	10
23位	丸山　茂樹	B	10
26位	佐藤　信人	O	9
26位	島田　幸作	A	9
26位	前田　新作	A	9
29位	小田　孔明	A	8
29位	鈴木　亨	B	8
29位	手嶋　多一	A	8
29位	深堀圭一郎	A	8
29位	細川　和彦	A	8
29位	松山　英樹	B	8
29位	草壁　政治	O	8
29位	宮本　康弘	B	8

女子サッカーは血液型の偏在がない？

これまでサッカー、野球、ゴルフのそれぞれの一流選手の血液型の統計をとってきました。そして、各スポーツで血液型の際立った偏在が見られましたが、これまで見てきたのはすべて男子の統計です。

女子は、どうなっているのでしょう？

男子の統計から推計すれば、当然、女子の血液型の偏在があるものと予想されますが、実際に統計分析してみると、女子の場合は、男子ほど明確な血液型の偏在は見られませんでした。

まず、女子サッカーを見てみましょう。

男子の場合と同じように、日本代表の国際試合出場回数上位20人の血液型を調べてみました。

次ページの表を見てみてください。

女子サッカー国際試合出場回数ランキング（2018年4月17日現在）

順位	氏名	血液型
1位	澤穂希	AB
2位	宮間あや	B
3位	大野忍	B
4位	永里優季	A
5位	安藤梢	A
6位	阪口夢穂	O
7位	岩清水梓	A
8位	池田（磯崎）浩美	A
9位	加藤（酒井）與恵	O
10位	宇津木瑠美	A
11位	近賀ゆかり	B
12位	熊谷紗希	O
13位	山郷のぞみ	O
14位	鮫島彩	A
15位	柳田美幸	B
16位	川澄奈穂美	A
17位	大部由美	A
18位	福元美穂	O
19位	高倉麻子	A
19位	丸山桂里奈	O

女子サッカー国際試合出場回数上位20人の血液型分布

	上位20人の人数	シェア率	日本人の分布率	日本人の分布率による想定値
A型	9名	45%	約38%	8名
B型	4名	20%	約22%	4名
O型	6名	30%	約30%	6名
AB型	1名	5%	約10%	2名

男子で起こっていた「B型が1人もいない」という極端な偏在は見られません。B型は4名もおり、20％のシェアを持っています。日本人全体のB型のシェアは約20％なので、日本人の平均とほぼ同じなのです。

また他の血液型も、日本人の血液型分布と比較しても、あまり大きな違いはありません。どの血液型も、日本人の血液型分布から導き出された想定値と比べると、1人分の誤差しかありません。

ほぼ日本人の血液型分布どおりの結果と考えていいでしょう。

確率的に言えば、「偶然の偏在」が起きるとすれば、男子よりも女子のほうがその可能性が高いのです。確率統計的に言えば、母数が多いほうが「偶然の偏在」は少なくなるからです。

日本サッカー協会（ＪＦＡ）の統計によると、２０１６年の時点で日本のサッカー人口は、93万７８９３人※となっており、女子はその中で2万７９１２人です。女子の割合はサッカー人口３％に過ぎないのです。

もし「偶然の偏在」が起きるとすれば、女子なのです。しかし、女子には偏在が起きず、男子にだけ異常な偏在が起きています。

※これはＪＦＡに登録している人数であり、趣味でやっている人は含まれません。しかし趣味でやっている人数の割合も、男子のほうが圧倒的に多いと思われます。

女子ゴルフも血液型の偏在がない？

次に女子ゴルフを見てみましょう。

男子の場合と同じように、優勝回数の上位10名の血液型を調べてみました。

するとどうでしょう。

女子ゴルフ国内ツアー優勝10位の血液型分布

A型　12人

B型　1人

O型　3人

AB型　3人

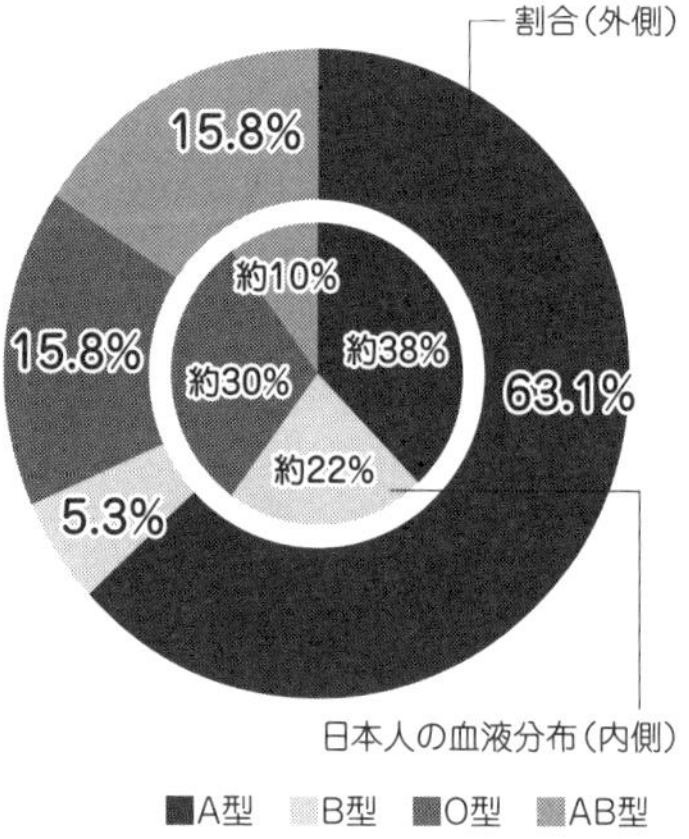

見事に日本人の血液型の分布と一致するのです。

男子の場合のようなB型の異常な強さはなく、日本人の血液分布どおりの人数配分になっているのです。

ゴルフの場合も、サッカーと同じように、女子に「偶然の偏在」が起きやすいのです。

当然のことながら、ゴルフ人口も、女子よりも男子のほうがはるかに多いのです。

日本経済新聞によると、ゴルフ人口は２０１５年時点で７６０万人です。そのうち女性は１１０万人（14・５％）だそうです。

だから、男子よりも女子に「偶然の偏在」が起きやすいはずなのです。

にもかかわらず、女子にはほとんど偏在が起きておらず、男子に異常な偏在が起きているのです。

この事実は、**男子の偏在をより際立たせている**といえます。

女子ゴルフの110万人くらいの大きな母数があれば、何か特別な要素がない限り偏在は解消されるということなのです。だからこそ、女子ゴルフ優勝者では血液型の偏在はないのです。

しかし、男子ゴルフの650万人の巨大な母数の中で、偏在が起きています。

ということは、よほど**「特別な要素」**があるということなのです。

つまり、女子ゴルフにおいては、「血液型の特別の要素はほとんどない」と予想されます。

そして男子ゴルフにおいては、「血液型の特別の要素が非常に強い」ということが予想されるのです。

女子は血液型による差異はないのか？

このように、女子サッカーでも、女子ゴルフでも、血液型の偏在がないのは、非常に興

女子プロゴルフ歴代優勝回数ランキング

	氏名	血液型	優勝回数
1	樋口 久子	O	69
2	不動 裕理	A	50
3	大迫 たつ子	O	45
4	岡本 綾子	B	44
5	森口 祐子	A	41
6	吉川 なよ子	A	29
7	福嶋 晃子	O	24
8	横峯 さくら	AB	23
9	塩谷 育代	A	20
10	日蔭 温子	B	18

味深い事実だと思われます。

これまでの血液型論争の中で、この点が指摘されたことはほとんどありませんでした。スポーツの有力選手の間で「血液型の偏在」があることは、かなり以前から指摘されていましたが、「男子に偏在はあるけれど、女子に偏在はない」とは、ほとんど触れられたことがないのです。

ここまで読まれた読者の方は、「ならば、サッカーとゴルフだけじゃなく他の血液型も調べてみればいいじゃないか」と思われることでしょう。

筆者もできればそうしたいのです。が、そういう調査の対象となるようなスポーツが今のところ見当たらないのです。

サッカーやゴルフは、男女ともにそれなり（数

女子ゴルフ優勝回数上位10名の血液型分布

	上位10人の人数	シェア率	日本人の分布率	日本人の分布率による想定値
A型	4名	40%	約38%	4名
B型	2名	20%	約22%	2名
O型	3名	30%	約30%	3名
AB型	1名	10%	約10%	1名

万人以上）の競技人口があり、有力選手の多くが血液型を公表しています。

が、そのほかのスポーツで、男女ともに母数が数万人を超え、有力選手が血液型を公表しているものは、ほとんどないのです。

筆者としては、この点においてぜひ大々的に統計調査をしていただきたいと思っております。

そうすれば、「血液型による人の差異」だけじゃなく、「男女の差異」についても、重要なことがわかるかもしれないのです。

女性はスポーツに関して血液型の差異がないのであれば、**女性は血液型による性質の違いはないのではないか、**という推測が当然、立てられると思います。血液型による性質の違いは、男性特有のものであり、女性には関係ないのではないか、と。

しかし別の方面で統計分析してみると、やはり女性にも、血液型による性質の違いはあるようなのです。それは、おいおい明らかにしていきたいと思います。

第5章

B型のボケが大成する漫才と人気マンガ家の血液型

お笑い芸人に向いている血液型はない？

スポーツ以外の分野についても、統計分析したいと思います。

まず、お笑い芸人全体の血液型分布を見てみましょう。

2016年時点で、タレントデータバンクに登録されているお笑い芸人は、1113人でした。血液型の分布は以下のようになっています。

A	417人	37・5%
B	254人	22・8%
O	343人	30・8%
AB	99人	8・9%

これは日本人全体の血液型分布と比べると、ほぼ比例しているといえます。

だから、**お笑い芸人になりやすい血液型はない**といえます。

また、血液型による、お笑い芸人志望者の偏在もないといえるでしょう。お笑い芸人は、誰かの弟子になったりすれば、誰でもなることができるので、お笑い芸人になること自体は、それほど高いハードルではありません。だから、お笑い芸人の総数は、お笑い芸人を志している人の総数に近いものがあると思われます。

しかし、当然のようにお笑い芸人と言っても、ピンからキリまでいます。テレビなどに引っ張りだこの売れっこ芸人もいれば、お笑いでの収入が月数百円というような売れない芸人もいます。

第一線で活躍している芸人の血液型を集計しないと、**「お笑いに向いている血液型」**があるのかどうかはわかりません。

また筆者はかねてから、漫才のボケとツッコミにも血液型による偏在があるのではないか思っていました。

なので、漫才のトップにいる人たちの血液型を調べてみました。

漫才のトップといっても、筆者が主観で選ぶわけにはいかず、なんらかの客観的な基準が必要です。そこで、「M-1ファイナリスト」という基準を設けました。

M-1のファイナリストといえば、漫才の最高峰といえます。そして、過去13回行われ

M-1ファイナリストの血液型

A型	35人
B型	31人
O型	36人
AB型	15人

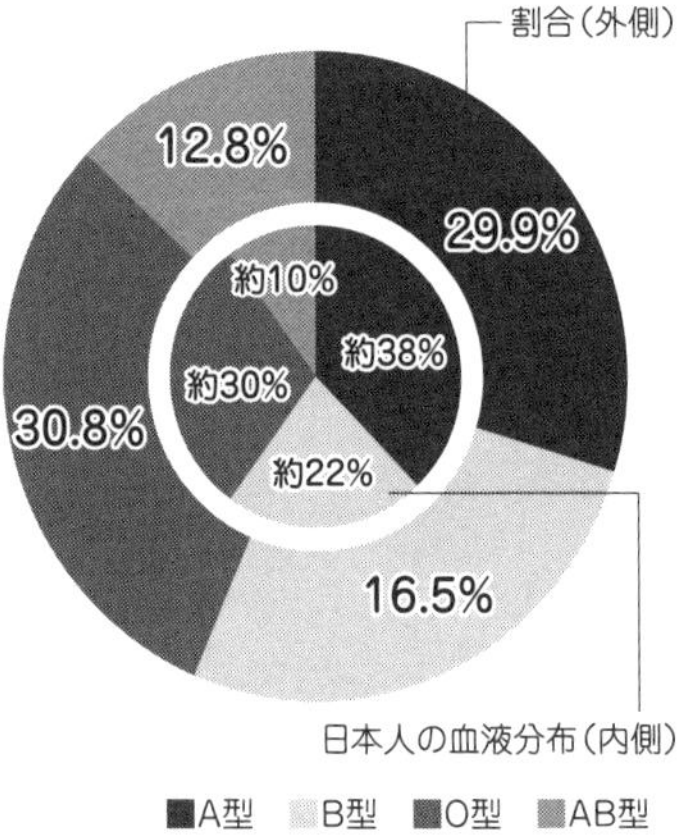

ています。ここに出場した漫才師たちのうち、血液型が判明しているファイナリストの合計は１１７名です（血液型不明者３名）。統計データとしては、サンプル数が若干少ないので、血液型の明確な特徴をとらえているとは言いがたいかもしれません。だから、参考程度に読んでください。

　これを見ると、日本の人口比と比べると、Ａ型の人数が若干少なく、Ｂ型とＡＢ型が若干多いという感じになっています。サンプル数が１１７人なので、まあ、それほど目を引くような偏りはないと思われます。

漫才のボケはB型が多い？

が、漫才にはボケとツッコミがあります。このボケとツッコミで分けてみると、かなり明確な偏りが見えてきます。

というのも、**「ボケのB型」**が非常に多いのです。

次ページの表を見てください。

ボケのB型は、M-1全体を通じて、37％にも達しています。**B型のボケのシェア率は断トツの1位**です。何度も言いますが、B型は日本人血液型ではシェアでは3位であり、シェア率は20％程度です。これと比べれば、かなり多いといえます。

またその一方で、ツッコミのB型は15％程度しかいません。

B型は「ボケ」と「ツッコミ」の人数が、ダブルスコア以上の差がついているのです。

これを見ても「B型のボケ」の多さは明らかに異常だといえます。

M-1グランプリのファイナリスト（2001～2010年、2015～2017年）
ボケ　全59名

	A型	B型	O型	AB型
2001年	2	5	2	1
2002年	1	2		
2003年		3	1	
2004年	2	1	2	
2005年	2	2		
2006年		1	1	
2007年	2		1	1
2008年	2	2	2	
2009年			1	1
2010年	1	2		1
2015年			3	2
2016年	1	2	1	
2017年	3	2	1	
合計	16	22	15	6
割合	27.1%	37.3%	25.4%	10.2%

M-1出場者
ツッコミ担当　全58名

	A型	B型	O型	AB型
2001年	3	1	5	1
2002年	2	1		
2003年	2	1	1	
2004年	2		2	1
2005年	1		2	1
2006年	1	1		
2007年	3		1	
2008年	3		1	2
2009年			2	
2010年		1	2	1
2015年	1	2	2	
2016年	1	1	2	
2017年		1	1	3
合計	19	9	21	9
割合	32.7%	15.5%	36.2%	15.5%

なぜ「B型のボケ」が多いのか？

なぜB型のボケが多いのかを検討した場合、**「漫才の潮流」**が大きな要素となっているのではないか、と思われます。

今の漫才の潮流をつくったのは、**ダウンタウン**だとされています。

若い漫才師には、ダウンタウンにあこがれてお笑いを目指したという人もかなり多いです。

またM-1グランプリ自体、ダウンタウンの影響を強く受けているといえます。

ダウンタウンの松本人志はM-1の審査員です。M-1を発案したとされるのは、島田紳助氏ですが、彼はダウンタウンが台頭しはじめてきたときに、「これからは彼らの漫才が主流になる」と見越して、漫才から身を引いたというエピソードがあります。

だから、M-1というのは、ダウンタウンの漫才が1つのお手本のようになっているといえます。

M-1のファイナリストというのは、番組の関係者によって選出されます。当然、彼らもダウンタウンの影響を強く受けているはずですし、審査員の島田紳助や松本人志に評価されやすいコンビを選んでいたはずです。

そして、**ダウンタウンのボケの松本人志はB型**なのです。

つまりM-1ではダウンタウンの流れを汲む漫才が評価されやすいために、その結果、B型のボケが多くなったのではないか、ということです。

この仮説は、M-1ファイナリストのデータをもう少し細かく検討してみると、さらに鮮明になってきます。

M-1は2001年から2010年まで10年間続いた後、4年間の中断期間をはさんで2015年から再開されています。

この中断をはさむ前と後とでは、血液型の傾向がかなり違うのです。

仮に2001年から2010年までを前期、2015年から2017年までを後期としましょう。

前期M-1では、B型のボケは18人もおり、ボケ全体の40％を占めていました。

その一方で、B型のツッコミはたった4人です。ツッコミ全体の11％に過ぎませんでし

前期M-1（2001年～2010年）のボケ

	A型	B型	O型	AB型
2001年	2	5	2	1
2002年	1	2		
2003年		3	1	
2004年	2	1	2	
2005年	2	2		
2006年		1	1	
2007年	2		1	1
2008年	2	2	2	
2009年			1	1
2010年	1	2		1
合計	12	18	10	4
割合	27.3%	40.9%	22.7%	9.0%

前期M-1（2001年～2010年）のツッコミ

	A型	B型	O型	AB型
2001年	3	1	5	1
2002年	2	1		
2003年	2	1	1	
2004年	2		2	1
2005年	1		2	1
2006年	1	1		
2007年	3		1	
2008年	3		1	2
2009年			2	
2010年		1	2	1
合計	17	5	16	6
割合	38.6%	11.4%	36.4%	13.6%

た。前期M-1に出たB型の人の8割近くがボケだったのです。母数が23人と少ないので、統計データとしては少し貧弱ですが、本来5対5であるべきなのに8対2になっているということは、明らかに異常値だと言えます。

しかもこのB型のツッコミの4人のうち、3人までが相方がB型なのです。つまり、B型の4人のツッコミのうち3人は、本当はボケがやりたかったけれど、ツッコミに回ったという可能性が高いのです。B型が他の血液型のボケにツッコむという組み合わせは、たった1つしかないのです。自然な状態であれば、この組み合わせは確率的に20組近くいるはずです。

つまり前期においては、B型はボケ専門に近いものだったのです。

前期M-1でもっとも多いのがダウンタウン型の組み合わせ

またM-1の前期では、ボケとツッコミのもっとも多い組合せはボケB型、ツッコミA型でした。

これは、ダウンタウンの血液型の組み合わせと同じです。

これを見ても、M-1の前期では、ダウンタウンの漫才を目指した漫才師が多かったという仮説が成り立ちます。そして、審査でもダウンタウンのような漫才が評価されていたのではないか、と推測できます。

ダウンタウンは、漫才の質を大きく変えたと言われています。彼らの登場の前と後とでは、漫才のスタイルが明らかに違うのです。

ダウンタウンの漫才は、それ以前のしゃべくり漫才と違って、ボケがゆったりとしたテンポでとぼけたことを言い、ツッコミがそれを絶妙の間でなぞることによって、笑いをとるスタイルを持っています。

このスタイルの漫才をするときに、もっとも適合する組み合わせは、「ボケB型とツッコミA型」なのかもしれません。

M-1の初代チャンピオンである中川家も、この「ボケB型とツッコミA型」の組み合わせです。また2008年に優勝したノンスタイルもこの組み合わせでした。

しかし不思議なことに、後期のM-1では、この「ボケB型とツッコミA型」の組み合わせの出演者はまったくいなくなります。

後期M-1（2015年から2017年）のボケ

	A型	B型	O型	AB型
2015年			3	2
2016年	1	2	1	
2017年	3	2	1	
合計	4	4	5	2
割合	26.7%	26.7%	33.3%	13.3%

後期M-1（2015年から2017年）のツッコミ

	A型	B型	O型	AB型
2015年	1	1	2	
2016年	1	1	2	
2017年		1	1	3
合計	2	4	5	3
割合	14.3%	28.6%	35.7%	21.4%

なぜでしょうか?

前期M-1と後期M-1の間に、一体何が起こったのでしょうか?

実は、前期M-1と後期M-1の間には、M-1に匹敵する漫才コンテストとして、「THE MANZAI」が開催されていました。この「THE MANZAI」が、後期M-1に影響を与えているのではないか、と思われるのです。

「THE MANZAI」ではツービートと同じ血液型の組み合わせ多かった

「THE MANZAI」という番組は、もともとは1980年代に放映されていたフジテレビの漫才専門の番組でした。テレビ朝日のM-1が終了したのを見て、その翌年の2011年からM-1のようなコンテスト形式の漫才番組となって復活したのです。そして2015年にM-1が復活すると、THE MANZAIはコンテスト形式をやめてしまいました。

だから、「THE MANZAI」は、M-1が中断していた2011年から2014年までの間、「M-1のつなぎ」のような番組になっていました。

実は、この「THE MANZAI」の血液型分布は、M-1の血液型分布とはまったく違うのです。

この出演者全体の血液型分布は以下のようになっています。

〈THE MANZAIの血液型分布〉総数67人

A型→18人　26・9％
B型→21人　31・3％
O型→23人　34・3％
AB型→5人　7・5％

これを見ると、M-1に比べて、A型が少なく、B型、O型が多いということがわかります。

が、これは、それほど大きな違いではありません。

特筆すべきは、ボケの血液型分布です。

M-1では、B型のボケが多いのが特徴だと前述しました。特に、前期M-1では、実にボケの40％以上がB型でした。

しかし、「ＴＨＥ ＭＡＮＺＡＩ」では、B型のボケはそれほど多くはなく、27％程度です。B型はむしろツッコミが激増していて、37％にも達しているのです。ツッコミの占有率はB型がもっとも大きいのです。

つまり、前期M-1ではボケ専門だったB型が、ＴＨＥ ＭＡＮＺＡＩでは逆にツッコミの代表格となっているのです。

そして、ＴＨＥ ＭＡＮＺＡＩのボケの中でもっとも多い血液型はO型です。O型のボケは39％にも達しており、前期M-1におけるB型と同じ立場にあるといえます。

O型は、M-1のボケでは25％に過ぎず、前期M-1に絞れば22％程度です。それに比べれば、ＴＨＥ ＭＡＮＺＡＩでは17ポイントも高いのです。ほぼ倍増です。

ＴＨＥ ＭＡＮＺＡＩでの「ボケのO型」は、かなり異常値だといえるのです。

〈ＴＨＥ ＭＡＮＺＡＩ　ボケ集計〉33人

A型→8人　　6・1％

B型→9人　27・3％
O型→13人　39・4％
AB型→3人　9・1％

〈THE MANZAI　ツッコミ集計〉32人

A型→8人　25・0％
B型→12人　37・5％
O型→10人　31・3％
AB型→2人　6・3％

なぜ「THE MANZAI」の出演者はツービート型が多かったのか？

なぜ急にO型のボケが多くなったのかを考えてみましょう。
実は、THE MANZAIには非常に興味深い背景があるのです。

THE MANZAIとM-1には、いくつかの違いがありましたが、もっとも大きな違いは、審査員でした。

M-1は前述したように、島田紳助と松本人志が中心になって審査をしていました。

一方、THE MANZAIでは、ビートたけしが名誉顧問となっていました。ビートたけしは審査に加わっていませんが、この番組の総元締めという役回りでした。

ビートたけしは、最近でこそ映画監督やテレビ司会者のイメージが強いですが、かつては「ツービート」で一世を風靡した漫才師です。

そして、ビートたけしは、漫才ではボケであり、血液型はO型なのです。

THE MANZAIも、M-1と同様に、決勝の出演者は、番組のスタッフが決定していました。

審査した番組スタッフたちは、頭のどこかには審査基準として「ビートたけしが喜ぶ」という忖度《そんたく》があったはずです。必然的に「ビートたけしの流れを汲《く》んだ漫才」が評価されたのではないか、という仮説が立てられます。

THE MANZAIでの出演コンビでは、「ボケO型とツッコミB型」の組み合わせがもっとも多いものでした。そして、この「ボケO型とツッコミB型」の組み合わせは、実はツービートと同じなのです。

THE MANZAIでの「ボケO型とツッコミB型」の組み合わせの代表格として、2013年に優勝したウーマン・ラッシュアワーがあります。

このコンビはボケが1人でしゃべりまくり、ツッコミの入る間もろくに与えないという往年のツービートに非常によく似たスタイルを持っていました。

面白いことに、ウーマンラッシュアワーは、M-1にも2008年から3回チャレンジしていますが、いずれも決勝にまで残れなかったのです。

しかしTHE MANZAIが始まった途端、3回連続して決勝進出し、3回目に優勝したのです。もしかしたらM-1が中断せずにそのまま続いていたら、ウーマンラッシュアワーは、世間にはずっと出られなかったかもしれません。

そして、後期M-1に前期のような「B型のボケ」の偏在が見られなくなったのは、THE MANZAIによって、前期M-1とは違う種類の漫才コンビがクローズアップされることになり、後期M-1では広範囲の漫才コンビが選ばれるようになったからではないか、と推測されます。

M-1とTHE MANZAIの出場者の全体の流れを見ると、次のような仮説が立てられます。

「前期M-1では、ダウンタウンの流れを組むコンビが評価される傾向が強かったためB型のボケが多かった」

「しかしTHE MANZAIではツービートの流れを組むコンビが評価される傾向が強かったためO型のボケが多かった」

「そして後期M-1では、THE MANZAIによって前期M-1の流れが断ち切られ、さまざまな漫才が評価されるようになった」

ということです。

人気マンガ家の血液型

文系の血液型データも興味深いものが多々あります。

2006年から2015年前のマンガ売り上げベストテンの漫画家の血液型

（合計80人）

A型	21人
B型	29人
O型	15人
AB型	15人

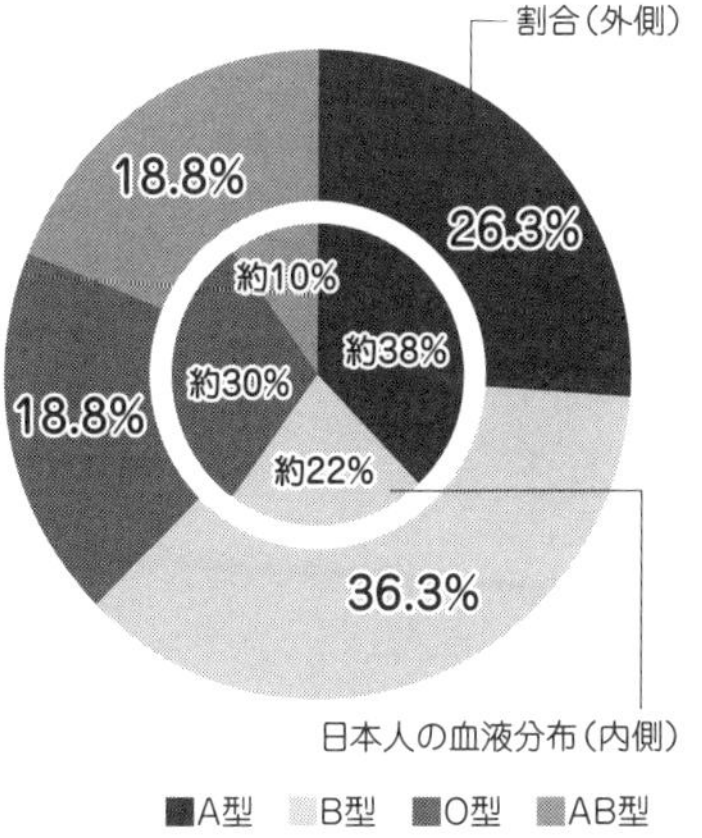

筆者としては本当は小説家のデータサンプルを調べたかったのですが、作家の場合、本職が作家の人もいれば、タレントさんが作家をしている場合もあり、また作家さんは血液型を公表していないケースも多いのです。なので、今回は作家の血液型統計分析はあきらめ、マンガ家の血液型統計分析をすることにしました。

統計の条件は、２００６年から２０１５年までの10年間のマンガ売り上げベストテンのマンガ家です。

１００人足らずの集計であり、これも漫才と同じく統計データとしては若干、少ないです。だから、参考程度に見ていただきたいと思います。

判明したマンガ家の血液型は、前ページの表のとおりです。

これを見ると、目につくのがB型の多さです。

B型の割合は36％を超えており、日本人のB型比率の約20％を大きく超えております。

またAB型の割合も、18％を超えており、非常に多いと言えます。日本人のAB型の人口分布は10％程度ですので、倍の比率で売れっ子漫画家がいるということになります。

B型とAB型を合わせれば、55・1％にもなります。日本人の人口比では、B型とAB型の合計でも32％程度です。だから、実に倍近くの比率で売れっ子マンガ家が多いということになります。

サンプルがやや少ないので、もう少し広範囲で調べればもっと詳しいことがわかるかもしれません。

また昔から人気マンガ家にB型が多かったというわけではありません。手塚治虫はA型ですし、藤子不二雄Ⓐも A型、藤子・F・不二雄はO型です。

もしかしたら、最近、B型の作風が流行しているということかもしれません。

マンガ家の血液型も、ぜひビッグデータを集めたいところですね。そうすれば、流行やカルチャーと血液型との関係も見えてくるかもしれません。

・2006年

1位　集英社「DEATH　NOTE」小畑健（AB型）
2位　講談社「のだめカンタービレ」二ノ宮知子（B型）
3位　集英社「ONE　PIECE」尾田栄一郎（A型）
4位　小学館「MAJOR」満田拓也（O型）
5位　集英社「BLEACH」久保帯人（B型）
6位　集英社「NARUTO」岸本斉史（O型）
7位　集英社「NANA」矢沢あい（B型）
8位　集英社「銀魂」空知英秋（AB型）
9位　集英社「アイシールド21」村田雄介（A型）
10位　集英社「ハチミツとクローバー」羽海野チカ（不明）

・２００７年

（ｏｒｉｃｏｎデータ　一巻ごとのランキング）

1位　集英社「ＯＮＥ　ＰＩＥＣＥ」46巻　尾田栄一郎（Ａ型）

2位　集英社「ＮＡＮＡ」18巻　矢沢あい（Ｂ型）

3位　講談社「のだめカンタービレ」17巻　二ノ宮知子（Ｂ型）

4位　集英社「ＮＡＲＵＴＯ」37巻　岸本斉史（Ｏ型）

5位　スクウェア・エニックス「鋼の錬金術師」17巻　荒川弘（Ａ型）

6位　集英社「ＨＵＮＴＥＲ×ＨＵＮＴＥＲ」24巻　富樫義博（Ａ型）

7位　集英社「ＢＬＥＡＣＨ」28巻　久保帯人（Ｂ型）

8位　集英社「Ｄ.Ｇｒａｙ-Ｍａｎ」10巻　星野桂（Ｏ型）

9位　集英社「家庭教師ヒットマンＲＥＢＯＲＮ！」13巻　天野明（Ｂ型）

10位　集英社「銀魂」17巻　空知英秋（ＡＢ型）

・２００８年

1位　集英社「ＯＮＥ　ＰＩＥＣＥ」尾田栄一郎（Ａ型）

2位　集英社「NARUTO」岸本斉史（O型）
3位　小学館「20世紀少年」浦沢直樹（B型）
4位　集英社「家庭教師ヒットマンREBORN！」天野明（B型）
5位　集英社「BLEACH」久保帯人（B型）
6位　集英社「NANA」矢沢あい（B型）
7位　スクウェア・エニックス「ソウルイーター」大久保篤（B型）
8位　講談社「のだめカンタービレ」二ノ宮知子（B型）
9位　集英社「ROOKIES」森田まさのり（O型）
10位　集英社「銀魂」空知英秋（AB型）

・2009年

1位　集英社「ONE PIECE」尾田栄一郎（A型）
2位　集英社「NARUTO」岸本斉史（O型）
3位　集英社「BLEACH」久保帯人（B型）
4位　スクウェア・エニックス「鋼の錬金術師」荒川弘（A型）

5位　集英社「銀魂」空知英秋（AB型）
6位　集英社「家庭教師ヒットマンREBORN!」天野明（B型）
7位　集英社「メイちゃんの執事」宮城理子（A型）
8位　講談社「FAIRY TAIL」真島ヒロ（B型）
9位　小学館「20世紀少年」浦沢直樹（B型）
10位　講談社「聖☆おにいさん」中村光（O型）

・2010年

1位　集英社「ONE PIECE」尾田栄一郎（A型）
2位　集英社「NARUTO」岸本斉史（O型）
3位　集英社「君に届け」椎名軽穂（AB型）
4位　講談社「FAIRY TAIL」真島ヒロ（B型）
5位　集英社「BLEACH」久保帯人（B型）
6位　スクウェア・エニックス「鋼の錬金術師」荒川弘（A型）
7位　集英社「銀魂」空知英秋（AB型）

8位　集英社「家庭教師ヒットマンREBORN!」天野明（B型）
9位　集英社「ぬらりひょんの孫」椎橋寛（不明）
10位　講談社「のだめカンタービレ」二ノ宮知子（B型）

・2011年
1位　集英社「ONE PIECE」尾田栄一郎（A型）
2位　集英社「NARUTO」岸本斉史（O型）
3位　集英社「青の祓魔師」加藤和恵（B型）
4位　講談社「FAIRY TAIL」真島ヒロ（B型）
5位　集英社「トリコ」島袋光年（O型）
6位　集英社「銀魂」空知英秋（AB型）
7位　集英社「バクマン。」原作：大場つぐみ（B型）／画：小畑健（AB型）
8位　集英社「BLEACH」久保帯人（B型）
9位　集英社「君に届け」椎名軽穂（AB型）
10位　集英社「GANTZ」奥浩哉（A型）

・2012年

1位　集英社「ONE　PIECE」尾田栄一郎（A型）
2位　集英社「黒子のバスケ」藤巻忠俊（AB型）
3位　集英社「NARUTO」岸本斉史（O型）
4位　講談社「宇宙兄弟」小山宙哉（不明）
5位　講談社「FAIRY　TAIL」真島ヒロ（B型）
6位　集英社「君に届け」椎名軽穂（AB型）
7位　小学館「銀の匙　Silver　Spoon」荒川弘（A型）
8位　集英社「HUNTER×HUNTER」富樫義博（A型）
9位　小学館「マギ」大高忍（B型）
10位　集英社「バクマン。」原作：大場つぐみ（B型）／画：小畑健（AB型）

・2013年

1位　集英社「ONE　PIECE」尾田栄一郎（A型）

2位　講談社「進撃の巨人」諫山創（不明）
3位　集英社「黒子のバスケ」藤巻忠俊（AB型）
4位　小学館「マギ」大高忍（B型）
5位　集英社「NARUTO」岸本斉史（O型）
6位　小学館「銀の匙　Silver Spoon」荒川弘（A型）
7位　集英社「暗殺教室」松井優征（不明）
8位　集英社「HUNTER×HUNTER」冨樫義博（A型）
9位　講談社「FAIRY TAIL」真島ヒロ（B型）
10位　集英社「テラフォーマーズ」原作：貴家悠（不明）／画：橘賢一（不明）

・2014年

1位　集英社「ONE PIECE」尾田栄一郎（A型）
2位　講談社「進撃の巨人」諫山創（不明）
3位　集英社「ハイキュー!!」古舘春一（不明）
4位　集英社「東京喰種トーキョーグール」石田スイ（不明）

5位　集英社「黒子のバスケ」藤巻忠俊（AB型）
6位　集英社「NARUTO」岸本斉史（O型）
7位　講談社「ダイヤのA」寺嶋裕二（O型）
8位　小学館「マギ」大高忍（B型）
9位　講談社「七つの大罪」鈴木央（不明）
10位　集英社「暗殺教室」松井優征（不明）

・2015年

1位　集英社「ONE　PIECE」尾田栄一郎（A型）
2位　講談社「七つの大罪」鈴木央（不明）
3位　講談社「進撃の巨人」諫山創（不明）
4位　集英社「暗殺教室」松井優征（不明）
5位　集英社「キングダム」原泰久（A型）
6位　集英社「ハイキュー!!」古舘春一（不明）
7位　集英社「食戟のソーマ」原作：附田祐斗（不明）／画：佐伯俊（不明）

8位 集英社「テラフォーマーズ」原作：貴家悠（不明）／画：橘賢一（不明）
9位 講談社「監獄学園」平本アキラ（不明）
10位 集英社「東京喰種トーキョーグール：re」石田スイ（不明）

第6章

離婚しやすい男女の相性の不思議

「結婚しにくい血液型」はない

血液型性格診断の本などで、非常に人気なのが**「血液型による男女の相性」**です。

筆者（A型）もB型の妻と離婚した経験があるので、血液型による男女の相性には、非常に興味がありました。

そしてどうにかして、血液型による男女の相性が統計で探れないものかと考えました。

しかし、現在のところ、一般人の結婚、離婚における血液型の統計データなどはとられていません。

それで、筆者が考え付いたのが、芸能人同士の結婚、離婚の血液型の組み合わせの統計をとってみるということでした。

でも芸能人と一般の人の血液型の分布が違っていたら、たとえば、芸能人にはA型が非常に少ない、B型が多いなどの偏りがあれば、参考になりません。

が、インターネットのタレントデータバンクの統計では、総数1万人以上のタレントの血液型分布は、Ａ型37・４％、Ｂ型22・２％、Ｏ型30・８％、ＡＢ型９・７％と、ほぼ日本人全体と変わらない数値でした。

だから、芸能人の結婚、離婚の血液型統計をとれば、日本人全体の統計の推測ができるわけです。

もちろん芸能人というのは、特殊な職業であり、一般の人の相性にそのまま直結するかどうかはわかりません。また芸能人同士の結婚の数は、それほど多いものではありませんので、サンプル数でも少し貧弱です。

だから、この章についても、こういうデータもあるんだという参考程度に見てください。

芸能人といっても、いろいろいますし、テレビによくでる人から、誰も知らない芸能人もどきもいます。メディアによく出ている人は、結婚、離婚の情報もわかりますし、血液型の情報もわかります。あまり出ていない人は、結婚、離婚、血液型などの情報も一部しかわかりません。

もし、私が知っている芸能人だけを集計すれば、それは恣意的な統計となってしまいます。だから統計をとる芸能人について、一定の基準を設ける必要があります。

そこで、今回も「週刊誌の女性自身で記事になった人」ということを基準に置きました。正確な基準は、「1996年から2015年までの20年間、女性自身で記事にされた芸能人同士で結婚したカップルと、芸能人同士で離婚したカップル」にしました。

まず結婚した人の総計と、血液型の割合を見てみましょう。

結婚した芸能人の総数は302人です。血液型の分布は、日本人の人口分布とほぼ変わりません。というより、見事なほど、日本人の血液型人口分布と重なっています。

予想としては、引っ込み思案であまり社交的ではないとされるA型の人の結婚比率が低いかと思われましたが、A型の結婚率は40%なので、人口比とほぼ同じか、若干、高いくらいです。

これは、どういうことかというと、**血液型による「結婚力」の差はない**ということがいえるのではないでしょうか？

昨今、結婚しない男女が非常に増えています。

そして、結婚しない人が増えたことは、日本人の引っ込み思案な性格も影響しているのではないかという論者もいます。見合い結婚が激減し、恋愛結婚が主流になってきているので、引っ込み思案な人が多い日本人は結婚できなくなっているのではないか、ということです。

日本人はA型が多く、先ほども言いましたようにA型は引っ込み思案な人が多いと思われているので、それが影響しているのではないか、という論者もいます。

しかし、この芸能人の集計結果を見る限りは、見事なほど血液型の影響は見られません。

「結婚できるかどうか」

「結婚するかどうか」

というのは、血液型はあまり関係ないのかもしれません。

もちろん、データ数としてはそれほど多いものではありませんので、確実なことはいえません。ビッグデータをとれば何か特徴的なことが見えてくるかもしれません。

結婚した芸能人の総計（302人）

A型→122人　40・4％　日本人のA型比率　約38％
B型→66人　21・9％　日本人のB型比率　約22％
O型→89人　29・5％　日本人のO型比率　約30％

ＡＢ型↓25人　　8・3％　　日本人のＡＢ型比率　　約10％

男Ａ型と女Ａ型は結婚しやすい？

では、次に結婚した血液型の組み合わせを見てみましょう。

この組み合わせも、実は、人口比による数値を大きく変わっているものはあまりないのです。

たとえば、男Ａ型、女性Ｂ型の組み合わせを見てみましょう。

芸能人の集計データでは、この組み合わせは12組（１４７組中）であり、全体の８・２％を占めています。

そして、日本人の血液型分布によるこの組み合わせの数値は、次のようになります。

Ａ型38％×Ｂ型22％＝８・４％

つまり、芸能人の結婚の組み合わせ数値と、日本人の血液分布による組み合わせ数値はほとんど変わらないのです。サンプル数が147組とそれほど多くないことを考えれば、両者の違いは誤差の範囲内だといえます。

他の組み合わせもほとんどが想定値と2%以上の違いはなく、誤差の範囲内といえるのです。

が、その中でもあえて異常な値を出した組み合わせをピックアップしてみましょう。

人口分布による想定値よりも、結婚率が2%以上高かった組み合わせは次の3つです。

男A型—女A型	25組	17・0%	人口分布による想定値	14・4%
男O型—女A型	20組	13・6%	人口分布による想定値	11・4%
男AB型—女A型	9組	6・1%	人口分布による想定値	3・8%

男型Aと女A型の組み合わせは、想定値が14・4%に対して、実際は17・0%もあります。だから、男A型女A型の相性はいいのかもしれません。

男AB型と女A型の組み合わせも、想定値が3・8%に対して、実際は6・1%もあるので、「結婚しやすいカップル」といえるかもしれません。また男O型と女A型の組み合

1996年から2015年までに女性自身に記載された結婚カップル（片方不明は除く）

組み合わせパターン	カップル数	組み合わせの確率	日本人の血液分布による想定値
男A-女A	25組	17.0%	14.4%
男A-女B	12組	8.2%	8.4%
男A-女O	17組	11.6%	11.4%
男A-女AB	3組	2.0%	3.8%
男B-女A	9組	6.1%	8.4%
男B-女B	10組	6.8%	4.8%
男B-女O	9組	6.1%	6.6%
男B-女AB	2組	1.4%	2.2%
男O-女A	20組	13.6%	11.4%
男O-女B	9組	6.1%	6.6%
男O-女O	11組	7.5%	9.0%
男O-女AB	2組	1.4%	3.0%
男AB-女A	9組	6.1%	3.8%
男AB-女B	4組	2.7%	2.2%
男AB-女O	5組	3.4%	3.0%
男AB-女AB	0組	0.0%	1.0%

わせも、想定値よりも実際のほうが2ポイント以上高く、恋愛の相性がいいと言えるかもしれません。

男B型と女A型の結婚はない？

次に結婚の少ない組み合わせを見てみましょう。

人口分布による想定値よりも2％以上、結婚率が低い組み合わせは、男B型と女A型の1つしかありませんでした。

男B型―女A型　結婚9組　結婚率6・1％　人口分布による想定値　8・4％

この組み合わせは、想定値が8・4％に対して、実際は6・1％しかありません。

この組み合わせは、韓国で**「B型の彼氏」**という映画にもなっています。この映画ではB型の彼氏に振り回されるA型の女の子が主人公であり、最後はハッピーエンドになっていますが、もしかしたら現実ではあまりハッピーエンドにならない組み合わせなのかもしれません。

いずれにしろ、サンプル数が少ないことと、それほど異常な値が出ているわけではないので、「血液型による結婚の相性」というのは、今のところ「なんとも言えない」というのが、本当のところでしょう。

これも、ビッグデータを用いて、本格的な調査をしてもらいたいものです。

「離婚しやすい血液型」もない？

次に離婚を見てみましょう。

これも、結婚と同じように、1996年から2015年までの20年間に、「女性自身」に記事にされた芸能人の離婚者の統計をとっています。

離婚した芸能人の血液分布をみると、日本人の人口分布とほとんど違いはないといえます。だから、このデータで見る限りは**「離婚しやすい血液型」**もないのです。

あえて言えば、A型が若干多く、O型とAB型が若干少ないようです。が、結婚の数値も似たような数値になっていますので、誤差の範囲内といえるでしょう。

だから
「人が離婚するときには、血液型による影響はあまりない」
「離婚のリスクは、どの血液型も同じ程度」
ということかもしれません。

離婚した芸能人総計（151人）		日本人の人口分布
A型→62人	41・1％	約38％
B型→36人	23・8％	約22％
O型→41人	27・2％	約30％
AB型→12人	7・9％	約10％

男B型と女O型は離婚しやすい？

次に離婚しやすい組み合わせを見ていきましょう。
離婚した組み合わせは、表のとおりです。

結婚よりもサンプル数が少ないこともあってか、これにはけっこう異常な数値も見られました。

日本人の血液分布による想定値よりも、実際の離婚率が3％以上高い組み合わせは、次の4通りです。

離婚率が高い組み合わせ

男A型	女AB型	7・2％	血液分布による想定値	3・8％
男B型	女B型	8・7％	血液分布による想定値	4・8％
男B型	**女O型**	**13・0％**	**血液分布による想定値**	**6・6％**
男AB型	女B型	5・8％	血液分布による想定値	2・2％

これを見て特に目につくのが、男B型と女O型の組み合わせですね。血液分布による想定値は、6・6％にもかかわらず、実際の離婚数は13・0％にものぼっているのです。約倍ですね。

しかも、この男B型と女O型の組み合わせは、結婚しているカップルが9組に対して、離婚しているカップルも9組なわけです。結婚者の総数は、離婚者の総数の倍あることを見れば、離婚の割合が非常に高いといえます。

ほかに目につくのは、男A型と女AB型の組み合わせですね。この組み合わせは、血液分布による想定値は3・8％なのに、実際の離婚率は7・2％とほぼ倍近い高さになっているのです。

しかも、この男Aと女ABの組み合わせは、結婚率自体が想定値よりも低いのです。結婚の想定値は3・8％に対して、実際の結婚率は2・0％と約半分です。

つまり、結婚の数自体が少ないのに、離婚した数が多いという事実です。この組み合わせで結婚したカップルは、この20年で3組しかいないのに、離婚したカップルは5組もいるのです。より相性が悪いということがいえるでしょう。

結婚したカップルより離婚したカップルのほうが多いのは、数字的に矛盾するように見えますが、これはあくまで女性自身に記事になったカップルの数なので、結婚は記事にならずに離婚だけ記事になったカップルや、20年以上前に結婚していたカップルが離婚するなどで、離婚カップルのほうが多くなっているケースもあるのです。

また先に、男B型と女A型の組み合わせの結婚率が低いという事例をご紹介しましたが、この組み合わせは、離婚率は逆に若干、高くなっています。つまりは、結婚率が低いのに、離婚率が高いので、この組み合わせもあまり相性はよくないかもしれません。

男O型と女B型の離婚率は低い？

次に離婚率が低い組み合わせを見てみましょう。

血液分布による想定値よりも、実際の離婚率が3％以上低い組み合わせは、次の2つです。

離婚率が低い組み合わせ

男O型　女B型　1・4％　血液分布による想定値　6・6％
男O型　女O型　5・8％　血液分布による想定値　9・0％

これを見ると、男O型と女B型の組み合わせは、想定値よりも5ポイントも低くなっていますので、かなり離婚しにくい組み合わせと言えます。

芸能人の同じ血液型による結婚・離婚率

	芸能人の結婚率	芸能人の離婚率	人口比で想定される結婚、離婚率
A型同士	17.0	15.9	14.4
B型同士	6.8	8.7	4.8
O型同士	7.5	5.8	9.0
AB型同士	0.0	0.0	1.0

また男O型と女O型の組み合わせも、想定値よりも3・2ポイントも低くなっています。

が、この2つの組み合わせは、結婚率も想定値より若干、低いので、「ベストパートナー」と呼べるほどではないかもしれません。

同じ血液型同士は相性が合うのか？

ところで、血液型で性格が違うとすれば、同じ血液型の人は性格が似ているということになり、お互いを理解しやすいということになります。

となれば、同じ血液型での結婚は多いのでしょうか？

そして、同じ血液型での離婚は少ないのでしょうか？

それについても調べてみました。

161ページの表のとおりです。

これを見ると、A型同士の結婚は人口比よりも若干多く、離婚も若干多いということになります。が、結婚率のほうが離婚率よりも高いので、相性は少しだけ良好ということになるでしょう。

B型同士は、人口比よりも実際の結婚率が高くなっていますが、それ以上に離婚率が高くなっています。最初はお互い引かれ合うけれども、その後、反発しあう関係という感じでしょうか。

O型同士は、人口比よりも実際の結婚率は低いけれど、離婚率はさらに低いということになっており、B型とは真逆の結果になっています。お互いあまり引かれ合わないけれど、一緒になれば長続きするという感じでしょうか。

AB型については、サンプル数が少なかったためか、AB型同士による結婚も離婚もゼロでした。

総じて言えば、同じ血液型同士といっても、結婚生活がそれほどうまくいくわけではない、というところでしょうか。特にB型などは、かえって相性が悪いということになっています。

芸能人の離婚したカップル

組み合わせパターン	カップル数	組み合わせの確率	日本人の血液分布による想定値
男A-女A	11組	15.9%	14.4%
男A-女B	3組	4.3%	8.4%
男A-女O	9組	13.0%	11.4%
男A-女AB	5組	7.2%	3.8%
男B-女A	6組	8.7%	8.4%
男B-女B	6組	8.7%	4.8%
男B-女O	9組	13.0%	6.6%
男B-女AB	0組	0.0%	2.2%
男O-女A	9組	13.0%	11.4%
男O-女B	1組	1.4%	6.6%
男O-女O	4組	5.8%	9.0%
男O-女AB	1組	1.4%	3.0%
男AB-女A	1組	1.4%	3.8%
男AB-女B	4組	5.8%	2.2%
男AB-女O	0組	0.0%	3.0%
男AB-女AB	0組	0.0%	1.0%

もっと大掛かりな統計調査を！

離婚の場合、サンプルが151人しかいないので、あまり正確なことは言えません。

これももっと広範囲の統計調査をしていただきたいところです。

そして、ただ結婚、離婚したカップルのデータをとるのではなく、交際期間や婚姻期間などの詳細な分析をしてほしいものです。

また結婚しているカップルについては、形式的な結婚は続いているけれども、実際は離婚しているような状態も多々あります。だから、セックスレスかどうかなどの統計もほしいところです。

そうすれば、血液型による相性や、どういう場合に、どういう組み合わせが離婚してしまうのか、などがわかってくるかもしれません。

いずれにしろ今の段階ではサンプル数が少ないので、それほど相性判断に役立つとは思えません。繰り返しますが「参考程度」にとどめておいたほうがいいでしょう。

第7章

自殺者が多い血液型と精神医学、心理学の将来

自殺者の血液型

次に自殺者の血液型について追究したいと思います。

現在、自殺者の血液型の統計データは発表されていません。

だから、自殺者の血液型の傾向を探るには、有名人などの自殺事件から抽出するしかありません。

有名人といっても、よくテレビに出る名の知れた人もいれば、ほとんどテレビに出たことがない人もいます。名の知れていない人は、有名人か一般人か区別があいまいな人もいます。そういう人を含めてしまうと、際限がなくなります。

かといって、筆者が勝手に、有名人とそうじゃない人を判断すると、恣意《しい》的だという批判を受けることになるでしょう。

なので、「有名人の自殺」ということに一定の基準を設けました。

その基準というのは、週刊誌「女性自身」に記事となった自殺事件を扱う、ということです。

女性自身というのは、有名人の事件について取り上げることが多い雑誌です。この女性自身に取り上げられた自殺を、「有名人の自殺」という基準にしたいと思います。

そして、あまり古いものでは、血液型が知られていない人もいますので、２０１５年から過去20年間という基準を設けました。

この基準で調査してみますと、自殺した芸能人は20人いました（1人血液型不明）。

特徴的なことは、**A型が非常に多い**ということです。

19人のうち12人、つまり63・1％がA型なのです。

A型の日本人の人口比率は約40％なので、63％という数字はやはり高すぎるといえるでしょう。

またAB型の自殺者も若干、多いといえます。AB型の自殺者の割合は15・8％です。

AB型の日本での人口比率は10％程度なので、それに比べるとかなり高いようです。

そしてA型とAB型を合計すると、自殺者全体の8割を占めることになります。A型とAB型の日本人の比率は45％程度なので、人口比から見て約2倍の自殺率となっています。

AB型というのは、Aの要素とBの要素を半分ずつ持っている血液型です。つまりは、A型の要素を半分持っているのです。もしかしたら、A型の要素の中に自殺しやすい性質があるのかもしれません。
一般的にA型の人は、神経質でくよくよしやすい性格だと言われています。それが、データでも表れているということになります。

芸能人の自殺（もしくは自殺とみられる）事件

- **1997年5月9日　可愛かずみ（A型）**
午前中に3度目のリストカット、その後の午後7時過ぎ、目黒区駒場のマンション7階から飛び降り自殺。
- **1997年12月20日　伊丹十三（A型）**
港区麻布台のマンションから飛び降り自殺？
- **1998年5月2日　X　JAPANのギタリストhide（AB型）**
自宅マンションのドアノブにかけたタオルで首つり自殺。
- **1998年5月10日　漫画家のねこぢる（本名：橋口千代美）（B型）**
東京都町田市の自宅で首つり自殺。

・１９９９年３月27日　沖田浩之（Ａ型）
自宅で首つり自殺。
・１９９９年９月27日　元ＴＢＳのアナウンサー　松宮一彦（Ａ型）
自宅マンションで首つり自殺。
・２０００年５月30日　井上大輔（本名および旧芸名：井上忠夫）（Ｏ型）
自宅で自殺。
・２００２年７月18日　戸川京子（Ａ型）
都内自宅マンションで首つり自殺。
・２００５年４月22日　ポール牧（ＡＢ型）
新宿の自宅マンションから飛び降り自殺。
・２００６年７月10日　甲斐智枝美（Ａ型）
自宅で首つり自殺。
・２００８年３月８日　森部達也（不明）
自宅で自殺。
・２００８年５月25日　川田亜子（Ｏ型）

自宅近くの路上に停車した車中で練炭自殺。

- **2009年3月8日　伊藤隆大（A型）**

神奈川県の相模湖近くの駐車場に停車していた乗用車の中で練炭自殺。

- **2009年4月20日　清水由貴子（A型）**

静岡県にある父親の墓前の前で、硫化水素自殺。

- **2010年7月27日　山本真純（O型）**

元日本テレビアナウンサー、仙台にある実家のマンションから飛び降り自殺。

- **2010年11月15日　松本友里（A型）**

自宅のドアノブで首つり自殺。

- **2011年5月12日　上原美優（A型）**

目黒区の自宅マンションでドアノブにかけたスカーフとベルトで首つり自殺。

- **2011年7月11日　X　JAPANのベーシストTAIJI（A型）**

サイパン島へ向かう航空機内で乗務員に暴行したため逮捕。その後、留置所でシーツを使って首つり自殺を図り、病院へ搬送される。16日に脳死と診断され、17日に死亡が確認された。

過去20年間の芸能人の自殺集計

A型　12人

B型　1人

O型　3人

AB型　3人

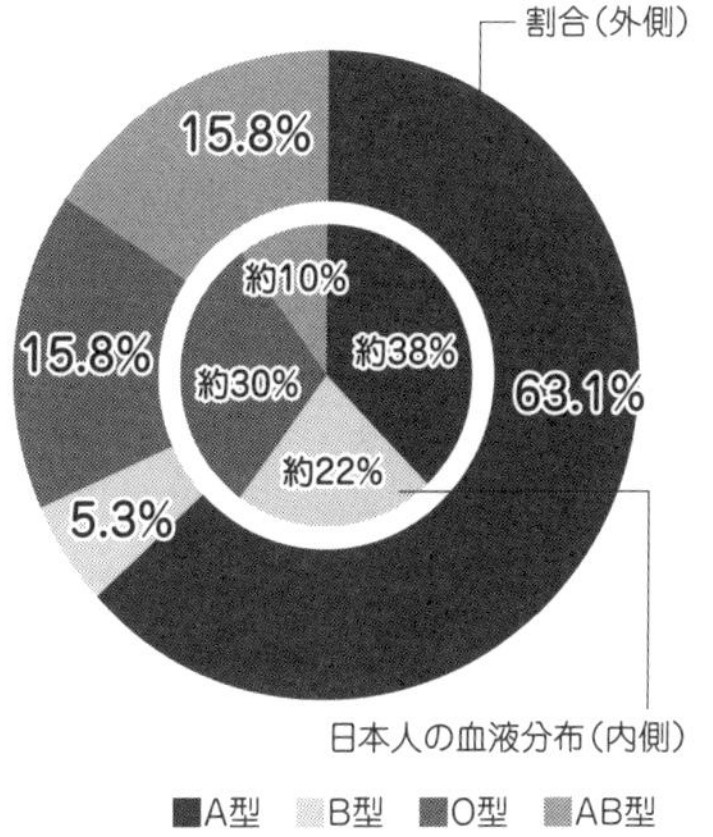

・2013年8月22日　藤圭子（A型）
新宿のマンションから飛び降り自殺。

・2014年9月25日　ET-KINGのTENN（本名：森脇隆宏）（AB型）
大阪市天王寺区にある自宅マンション駐車場の車内で首つり自殺。

男女ともにA型の自殺が多い

サッカーやゴルフにおいて、男子の場合は血液型の著しい偏在があり、女子の場合は偏在がほとんどないことを先にご紹介しました。このデータだけを見れば、女子は血液型による差異がないことも考えられる、と。

では、自殺において、女性の血液型に偏在

はどうなっているのでしょうか？

結果は、男子と同じように、A型の自殺が多いということになっています。女性の自殺は全部で10人であり、そのうち7人がA型です。実に7割がA型なのです。自殺というのは、人の性格がもっとも極端に表れる分野だと思われます。その分野において、著しい偏在が見られる、それも男性と同じようにA型が多いという結果になっている。ということは、女性もやはり血液型による性格の差異があるのではないか、ということが予想されます。

ぜひ国を挙げてビッグデータの収集を

このサンプルが少なすぎるということは、著者としても重々承知しております。

また有名人は、一般人とは違う生活環境の人が多いので、一般人にそのまま当てはまるとは限りません。だから有名人の20人程度のデータで、断定的なことがわかるとは、筆者も思っておりません。

が、それでも、問題提起には十分になりうる値だと思われます。

男女別自殺集計

男性		女性	
A型	5人	A型	7人
B型	0人	B型	1人
O型	1人	O型	2人
AB型	3人	AB型	0人
計	9人	計	10人

前述しましたように、自殺者の血液型を詳細に分析したデータは公表されていませんし、統計分析もされていないものと思われます。

警察や医療機関は、ぜひこの分析をしていただきたいものです。

自殺の原因、年齢、血液型のデータを詳細に出せば、ある種の特徴が見いだせるかもしれませんし、それができれば自殺を防ぐための効果的な対策をとることも可能になるはずです。

自殺する人というのは、ほとんどがうつ状態にあるとされています。つまり、自殺しやすい人というのは、「うつになりやすい人」「うつが重い人」ということができるはずです。

自殺しやすい血液型がわかれば、当人たちにとっても非常に楽になるものと思われます。「自分は自殺しやすい（うつになりやすい）」ということがわかれば、自分は落ち込みやすいという自覚を持つことができます。なるべくストレスを避けるように気を付けたりできますし、落ち込んだときに「これは自分の性質なのだ」と思えれば、少しは気が楽になるはずだからです。

ちなみに筆者はA型です。自分で「うつ傾向の性格だ」という自覚があります。

また筆者の親族はほとんどがA型であり、叔父（母方）と従弟（父方）が自殺しており、母親も自殺未遂を2回しています。そして友人、知人の中で親族に自殺者がいるのはA型ばかりでした。このことも筆者が血液型に興味をおぼえた要因となっています。

心理学のお粗末な実証実験

ここまで読んで来られた方の中には、

「それでも精神医学者や心理学者が、血液型と性格の関連はないと言っているのだから、それが本当じゃないか」

と思っている方も多いでしょう。

なので、これから、精神医学界や心理学界がなぜこれまで一貫して、「血液型と人の性格には関連性が認められない」と主張してきたのか、それを解き明かしていきたいと思います。

第1章で述べたように、精神医学界や心理学界は「血液型と性格の関連性については実証実験済みである」とも言っています。

確かに、彼らは、これまでいく度か、「血液型と性格の関連性」について、実証実験的なことをしてきました。

が、その実証実験というのが、実は非常にお粗末なものなのです。

彼らが行った実証実験で、もっとも有名で大規模なものは、2000年代はじめに日本とアメリカで1万人以上を対象に行われたアンケート調査です。

このアンケート調査は、無作為に抽出された人々に26個の質問をして、それに答えてもらうという手法で行われました。質問の内容は、次のページのとおりです。

心理学研究2014年第85巻第2号の「血液型と性格の無関連性」（縄田健悟著）という記事によると、このアンケート調査を行った研究チームは「回答には血液型による差異

2004年～2006年にかけて日米で行われた性格と血液型の関連性のアンケート調査

1	日頃の生活の中で充実感を感じている
2	ほかの人の生活水準を意識している
3	一旦、高い生活水準を味わうと,それを下げるのは苦痛だ
4	楽しみは後にとっておきたい
5	自分は盗難にあうことはない
6	できるだけ質素な生活をしたい
7	お金を貯めることが人生の目的だ
8	将来,大きな出費や高額の買い物の予定がある
9	子供や家族,親族にできるだけ多くの遺産を残したい
10	ギャンブルはすべきでない
11	健康上の不安を感じている
12	宗教を熱心に信仰している
13	忙しくて先のことを考える時間がない
14	お金のことを考えるのははしたない
15	現在の生活に精一杯でほとんど貯蓄ができない
16	先のことは不確実だから考えても無駄だ
17	老後が気にかかる
18	子供の将来が気にかかる
19	将来のことは家族や親族が考えてくれている
20	周りの人と同じような行動をとっていると安心だ
21	仕事の場においてはグループの意見に従うべきだ
22	家庭の場においては家族の意見に従うべきだ
23	1人よりグループで協力して仕事する方が高い成果が得られる
24	“みんなで協力して目標を達成した”満足度は“自分ひと りの力で達成”より大きい
25	仕事は生きがいにつながる
26	仕事はお金を得るためのものだ

心理学研究2014年第85巻第2号

はほとんど見られなかった。だから、血液型と性格の関連性はない」と結論付けています。

この結論は、あまりに乱暴だと思われます。

というのも、この調査手法は「その人の本当の性格」を調べられるような内容では、到底ないと思われるからです。

質問項目を見てみてください。

このアンケート調査でわかるのは、参加者が「自覚している自分の性格」であって、「本当の性格」ではないはずです。

その人が「自覚している自分の性格」と「本当の性格」はしばしば一致していないことがあります。

それは、実生活で多くの人が経験しているはずです。

たとえば、「協調性のない人」が、**自分は協調性がないと自覚していることはほとんどありません**。もし自覚があれば、修正できるはずだからです。

だから、はたから見れば協調性がない人であっても、「1人よりグループで協力して仕事するほうが高い成果が得られるか」と聞かれれば、イエスと答えることが多いはずです。

つまりは、このアンケート調査では、**「本人が自覚している自分の性格」**がわかるだけで、

「客観的な本当の性格」が現れてくるものでは決してないのです。

そして、血液型と性格に関連があるとすれば、「本人が自覚している自分の性格」ではなく、「客観的な本当の性格」に関連してくるはずです。

だから、このアンケート調査は、そもそもの前提条件から見ても、**「本質からはずれている」**のです。


またこのアンケートの質問のほとんどは、その人の受けた教育や社会環境などが大きく影響する種類のものです。

だから、血液型による違いよりも、その人の社会環境や受けてきた教育による違いが反映されてしまうと思われます。

それに、そもそもアンケート調査ということ自体が、血液型と性格の関連性を調査する上では、ほとんど有効性を持たないと思われます。

前述したようにアンケート調査というのは、参加者が頭で考えて回答します。しかし、その人の性格というのは、頭で考えてひねり出すのではなく、無意識に備わっているものなのです。そして、本人が自覚していない、本能的なものなのです。そういう、その人の

「本当の性格」は、アンケートなどでわかるものでは決してないはずです。

この実験は、血液型と性格の関連を調べるには、明らかに「核心をはずしたもの」だといえるはずです。

にもかかわらず、精神医学者、心理学者たちは、この実験を錦の御旗のごとく振りかざして「だから血液型と性格は関連がないんだよ」と言い続けているわけです。

なぜもっと客観的で有効な実験を行わないのか？

ここまで読んで来られた方の中には、心理学者たちのこの実験について苛立《いらだ》ちを持った人も多いはずです。

血液型と性格の関連性を、本気で調べようと思えば、もっと客観的で有効な方法はいくらでもあるはずです。

昔から、スポーツなどの分野では血液型によって偏在があるということが言われていたのですから、その分野を徹底的に統計調査することもできるはずです。

もし研究チームが日本野球機構や、Jリーグに協力を仰いで、数年にわたって追跡調査などをすれば、血液型と性格の関連性において、貴重なデータが得られはずです。なぜポジションや歴代記録に関して、血液型の偏在が起きるのか、それをしっかり調査しないことには、「科学的に血液型と人の性質、性格の無関係が解明された」とは到底言えないはずです。

なぜ「誰もが納得できる客観的な調査」は行わず、アンケート調査などという、あいまいな結果しか得られない調査でお茶を濁そうとするのでしょうか？

精神医学界や、心理学界は、「血液型と性格の関連性」を最初から否定したがっているようにしか見えません。そして、どうにかして、否定する材料をかき集めて、世間にアピールしている、という感じです。

精神医学界や心理学界は、まるで「血液型と性格に関連性がある」と判明したら、「何か困ることがある」ようにさえ見えます。

実際に、そういうことがあるのでしょうか？

実は、精神医学界や心理学界は、「血液型と性格に関連性がある」ということが判明したら、非常に困るのです。

精神医学界や心理学界が絶対に否定する理由

精神医学や心理学はまだ未開の分野であり、性格を形成するものについてはっきりしたことはあまりわかっていない、ということを前述しました。

が、それでも精神医学界や心理学界も、そこそこの歴史があり、そこそこの学説があり、そこそこ権威のある偉い学者さんたちがいたりするのです。

そして精神医学界や心理学界は、血液型と性格の関連を早い段階から認めてきませんでした。血液型と性格の関連を主張する学者も時々いましたが、それらの人々は**「異端」**として扱われ、まともに取り上げられることはありませんでした。

現在、精神医学や心理学の正当とされる「宗派」では、血液型と性格の関連性はまったく無視して成り立っています。精神医学や心理学の教科書や権威ある学術書なども、「血液型と性格の関連性はないもの」として成立しているのです。

だから、もし「血液型と性格に関連性がある」となると、現在の精神医学や心理学は、その「教義」を根底から見直さなければならなくなります。今、権威のある学者や学説なども、その価値を大きく損なうことになります。

また精神医療なども、その診療方法を大きく変えなくてはならなくなるはずです。とにもかくにも、精神医学界や心理学界は、もし「血液型と性格に関連性がある」ということになれば、大混乱し、大変革を迫られることになるのです。

だから精神医学界、心理学界にいる人たちは、「血液型と性格に関連性がない」ことを切望しているわけです。そして「血液型と性格に関連性がある」という世間の情報に過敏に反応し、排除しようと動いているわけです。

精神医学界、心理学界は「既得権益を守りたい」だけ

ところで筆者は、もと大蔵省の官僚です。

官僚の目で見た場合、精神医学界や心理学界が「血液型と性格の関連性」を頑なに否定しているのは、単に既得権益を守ろうとしているに過ぎないことが手に取るようにわかります。

世間には、既得権益を持っている業界はたくさんあります。そして、そういう業界の人たちは、既得権益が失われようとするとき必死に抵抗します。

たとえば昔、酒の小売店は免許制が敷かれていました。酒店を開業するには国の免許が必要で、しかもその免許はなかなか発行されないものでした。そのため既存の酒店は、ほとんど競争もなく、美味しい商売をしていました。

しかし1990年代にくらいに小売業のさまざまな規制が緩和されるようになります。酒店の免許制についても、世間の批判を浴びるようになっていました。当時、既存の酒小売業者たちは業界をあげて、規制緩和に抵抗しました。

「酒の販売が自由化されれば、無責任な酒の販売が行われ、飲酒運転が増えたり、青少年の飲酒が増えたりする」などともっともらしい口実をつけて、業界団体が国会議員にたびたび陳情するなどして、激しい抵抗をしたのです。しかし当時の酒店というのは、競争のない生ぬるい商売でした。自動販売機などもいたるところにありましたから、既存の酒店が飲酒運転や青少年の飲酒を防いでいたような事実はまったくありません。

そもそも酒の小売業の免許制というのは、戦争中の物資統制により、酒造業者が多数強制的に廃業させられたため、彼らの救済処置として、酒の小売を免許制にして、酒造業者たちに免許を与えたのです。それが、既得権益化してしまい、戦後40年以上存続していたのでした。

もちろん酒の小売業者たちも時代の趨勢には勝てず、小売業の免許制は事実上、なくなりました。

精神医学界や心理学会の今の姿というのは、まさにそれと同じです。

「血液型と性格の関連性」が認められれば、今まで自分たちがやってきたことの根本が崩れることになります。現在、精神医学界で権威とされている学説や学者さんたちの多くは、メンツを失い、その地位を脅かされることになるはずです。

それを防ぐために、「血液型と性格の関連性」について、まったく核心をはずしたアンケート調査でお茶を濁してきたのです。「血液型と性格の関連性」を肯定する主張に対しては、「差別につながる」などとして、つぶしにかかっているのです。

精神医学という遅れた学問

何度か触れたように、「人の心」が何によって形成されているのか、まだ明確なことはほとんどわかっていません。心の病気についても真に客観的に測定する方法はないから、精神医学は「何が正しいのか」を客観的に証明することはできないのです。

それは逆に言えば、精神医学界では適当なことを言っても、それを間違いだとなかなか証明されることはない、のです。

他の医学分野や科学技術の分野であれば、間違った説を述べていれば、実証実験などを経て他の人から指摘されます。しかし精神医学では、間違っているのか、間違っていないのかを客観的に測ることができないので、いわば「言ったもの勝ち」の状況にさえなっているのです。

だから精神医学では、しばしば精神医学者たちの道徳観や人生観を反映した学説が唱えられました。

たとえば精神医学界では長年、「マスターベーションは精神病が原因」と唱えられていました。これは1970年代くらいまで有力な学説だったのです。普通、マスターベーションは猿でも犬でもするものであり、成人男性の90％以上は経験があるものです。しかしキリスト教世界を中心に、マスターベーションを不道徳とする文化が根強く残っていました。精神医学者たちはその影響を受けたものと思われます。しかもこの説は現在も完全に否定されたわけではないのです。精神医学の学説には、このような科学的な裏付けがないまま学者個人の道徳観、人生観が反映された主張が多いのが実際です。しかも、それが有力な学説になっていたりします。

血液型と性格の関連性が否定されたのも、その科学的な根拠はなく、学者たちの道徳観、人生観からだと思われます。

「単なる液体に過ぎない血液が人の心に影響を及ぼすはずがない」

「人の心はもっと高尚なもの」

という精神医学者たちの強い思い込みが、血液型と心の関連を否定させてきたのです。

そして現代にいたるまで、ろくに検証されてこなかったのです。

あいまいにしておくほうが差別を助長する

精神医学者や心理学者など、「人の心の専門家」と呼ばれる方の中には「血液型による性格の違い云々は、差別を助長する」と主張する人も多々います。

というより、精神医学界、心理学界は現在、総力を挙げてそういう主張を展開しています。

しかし、これは詭弁だといえます。

血液型と性格の関連性について、専門家がきちんと調査をしてこなかったから、かえって差別を助長してきたのです。

精神医学界、心理学界は「血液型と性格の関連性は科学的に根拠がない」としています。しかし、日常生活や社会の中で血液型による違いを感じている人は、かなり多いのです。また、スポーツのその根拠となるデータは、いくつも示されています。

そういう中で、きちんとした実験や統計分析をしないことは、かえって人の「想像の余地」を生みます。だから、いろいろな人がちょっとした経験値をもとにして、嘘か本当かわからないことを語るのです。

しっかりと統計調査などを行い、どういう場面で血液型による違いが出てくるのかなどが、より詳しくわかっていけば、人の想像の余地もせばまり、勝手な解釈ができなくなります。

そうすればお互いの違いを認識することに収束していき、差別や偏見などは自然に減っていくはずです。

現在のように「血液型と性格の関連性はない」と専門家が言い張っている間は、ほとんどの人は「血液型による差異はないもの」として他人に接します。

そうなると、自分と相手の性質の違いがまともにぶつかってしまい、トラブルも多くなります。必然的に憎しみや差別が助長されてしまうことになります。

しかし相手の性質や傾向があらかじめわかっていれば、お互いが準備をすることができます。自分と違う部分については、あらかじめ衝突しないように、なるべく避けるというようなこともできるようになるはずです。


たとえば、外国に行くときのことを考えてください。

世界には気性の荒い人たちもいれば、呑気な人たちもいます。神経質なお国柄もあれば、非常におおらかな国もあります。フレンドリーだけど犯罪が多い国もあり、安全だけど不愛想な人たちばかりの国もあります。

もしそういう情報をまったく知らずに外国に行って、ひどい目にあったりすれば、一発でその国のことが嫌いになるでしょう。また、その国のことを差別するようになるかもしれません。しかしある程度の情報を持ち、心の準備をしていけば、トラブルは未然に防ぐことができます。ましてやその国のことを嫌いになったり、差別したりすることも少なくなるはずです。

世界中の国それぞれ国民性に特徴があります。どこの国が優れているとか、どこに国が正しいとかの尺度では測れません。

しかし、それぞれの国で国民性の違いは必ずあるものです。それを知らない場合、思わぬ誤解を受けたり、思わぬトラブルにあったりします。

国でも人でも、なるべく確かな情報があるに越したことはないのです。

恋人同士の男女にしても、お互いが同じ考えだと思っていると、喧嘩ばかりになってしまいます。しかし、男女が「お互いの考え方は違う」という自覚を持てば、まともにぶつかり合わずにすむはずです。

もちろん男女の間での感情の行き違いやぶつかり合いは不可避なことです。それでも、「まったく違いを認識しない」よりは、少しでも違いを認識していたほうが、ぶつかる度合いは減るはずです。

血液型も、国民性の違いや男女の仲と同様のことがいえるはずです。お互いの違いを、なるべく正確に知るに越したことはないのです。

血液型による性格の違いを誰もがうすうす感じているのに、専門家が頑なに否定し、本格的な調査をしないのでは、各血液型による差別や嫌悪は助長されるばかりなのです。

優秀な血液型などない

ただし、血液型信奉者の人たちにも問題がないとは言えません。

たとえば、「どの血液型が優秀か」などの話題がネットの血液型の掲示板などで時々、見られます。

が、これは不毛な議論です。

優秀かどうかというのは、その尺度によってまったく違ってきます。

ゴルフで測ればB型が優秀になるし、サッカーで見ればO型となるでしょう。

が、筆者が本書に挙げただけでも、血液型によってさまざまな長所、短所があります。どれが優れているなどという「単純な比較」は到底できません。もっと本格的に統計調査をすれば、さらにさまざまな長所短所が浮かび上がってくると思われます。

そもそも人の性質において、単純に優秀かどうかを測るすべなどありません。学問ができるから優秀とは言えませんし、スポーツができるから優秀とも言えません。

というより生物科学的に言えば、生物にとっては「多様性」が非常に重要なものなのです。地球の環境などはどう変化するかわかりませんから、なにが優秀かなどと単純にいえるものではないのです。そして、いろんな環境に適合できるように生物は多様性を備えているのです。

だからこそ、人はなるべく自分とは違う遺伝子を取り込もうとするわけです。

人の血液型がそれぞれ違うのも、いろいろなタイプの人がいたほうが人類全体の繁栄につながるからなのです。

「血液型による性格の違い」がおろかな優劣論に決して向かってほしくないと筆者は考えています。

人類の貴重なビッグデータとしての血液型

いろいろな分野で統計分析を進めていけば、血液型によってはあまり面白くないデータを突きつけられることになるかもしれません。

たとえば、本書でも言及していますが、「自殺をしやすい血液型」などがわかると、その血液型の人は面白くない面があるかもしれません。また「交通事故を起こしやすい血液型」「凶悪犯罪の割合が高い血液型」なども判明してくるかもしれません。

そのデータによっては該当する血液型の人は、一時的に不愉快な気分になるかもしれません。

が、どんな都合の悪いデータであっても、それが事実ならば、それは公にしたほうが必ず当人や社会のためになるはずなのです。

たとえば「自殺をしやすい血液型＝A型」の人なら、自分が落ち込みやすい性格であることを自覚できるはずです。また周囲の人や精神科医もA型の人について、それなりの配慮ができます。

また「交通事故を起こしやすい人の血液型」がわかった場合も、同様です。該当する血液型は、あらかじめ自分がそういう状況にならないように気をつけ、家族が気を配ったりもできるはずです。「交通事故」が起きれば、当事者は大きなダメージを受けます。自分の命を失ったり、人生が台無しになったりしてしまうことも多々あります。

だから自分の情報は、あったほうが絶対にいいはずです。「事前に対処すること」ができるし、少なくとも「自分にはそういうリスクがある」という気持ちを持っていれば、若干の回避行動は起こせるはずです。

また社会としても、そういう情報があったほうが絶対にいいはずです。いろいろな局面での血液型別のデータを収集すれば、それは社会にとって非常に有益なビッグデータになるはずです。

たとえば学校や職場のいじめなど、今まで解決できなかったトラブルなども解決しやすくなるかもしれません。

血液型によって考え方や行動に違いがあるならば、それは事前に周知されていたほうが絶対に社会や本人のためもいいはずなのです。

そして、その分析はなるべく広範囲、詳細であったほうが役に立ちます。

交通事故にしても、「飲酒運転」「スピードの出しすぎ」「不注意」などの事故によって個別に分析されたほうが実用性は高まります。それはアマゾンなどの購買記録のビッグデータと同様です。

対人関係のアイテムとしての血液型

ほとんどの人にとって、人間関係は人生の大きな悩みになっているはずです。

人間関係の悩みというのは、とどのつまりは、「相互理解ができない」ことです。

そして相互理解ができない最大の要因が、「自分も相手も同じだと思っていること」ではないでしょうか？

人は自他の違いを頭では理解していますが、実際に相手に対峙するときに忘れてしまいます。

「人はそれぞれ違う」ということを、誰もが頭の中ではわかっているはずです。

しかし、ほとんどの人が無意識のうちに「人は自分も同じ」と考えがちです。

他人に対して、「なんでこんなことをするのか理解できない」「なんでこちらの気持ちを理解してくれないのか」という感情を抱いたことがない人はいないでしょう。

人は自分の思う対応をしてくれなかったときに、大きなストレスを感じるわけです。また自覚のないまま自分の考えを押し付けて、それが相手のストレスになっている場合もあるでしょう。

が、これらのことは人の根底に「相手も自分と同じ感情、同じ考えを持っているはず」という気持ちがあるからです。

つまり「人はそれぞれ違う」ということを実感として感じられないのです。

しかし、血液型による差異が統計データ等で明確になれば、人は「自分とは違う性質の人がいる」と具体的に認識できることになります。

最初から「相手も自分と同じ感情、同じ考えを持っているはず」という気持ちにならず、「相手は自分と違うもの」という認識を持っていれば、お互いの誤解や苛立ちは相当に減少するはずです。

いい人間関係を築いていく上で、「お互いの性質の違いを知っておく」ことは、非常に大事なことだと筆者は思うのです。

今後、血液型による人の性質の違いが明らかになってくれば、とりあえず「血液型が違えば考え方や行動パターンが違う」と人は認識するようになるでしょう。

となると自分の考えを押し付けたり、相手の無理解を嘆く前に、まず相手のことを理解しようという考えになるはずです。

つまり血液型による性格の違いが明らかになれば、人はそれぞれ考え方が違うことを実感として持てるようになるのです。

教育やメンタルヘルスも大きく変わる

また血液型による人の性質、性格の違いが明らかになれば、教育やメンタルヘルスなども大きく変わります。

これまでは、すごく優秀な人が現れれば、その人の教育方法を学ぶことが多々ありました。たとえばフィギュアスケートの羽生結弦選手がオリンピックで2連覇を果たすと、「あんなに優秀であんなに爽やか子に育てたい」という親がたくさん出てきます。そして羽生選手の子育て方法などを学びたい親も多々出てくるはずです。

しかし、血液型による性格の違いが明らかになってくれれば、「単純に誰かの真似をしよう」

という教育方法はあまりとられなくなるはずです。

羽生選手はB型です。B型ではない子供が羽生選手と同じような教育方法で育てられても、無理が生じてくるでしょう。それが最初からわかっていればB型じゃないわが子を無理に真似させようとする親は少なくなります。

つまり親や周囲の人たちは、誰かの真似をさせるのではなく、なるべくその子に合った教育方針を探すようになるのです。

またメンタルヘルスなども大きく変わるはずです。

これまでは、だいたい人は皆同じ、ということを前提にメンタルヘルスはつくられてきました。たとえば、「小さいことにくよくよするな」という類のモチベーションに関する本は、これまで多数出版されてきました。

しかし血液型によって物の感じ方、捉え方が異なることが明らかになれば、誰かにとっては「小さなこと」でも、誰かにとっては「小さなことではない」となります。

だから万人に対して「小さなことにくよくよするな」という雑なメンタルヘルスは、今後なくなっていくでしょう。

あとがき

各スポーツで活躍する選手の間などで、血液型に偏りがあることは、ずいぶん前から喧伝されていました。

しかし精神医学界、心理学界などの心の専門家は、それに対して頑なに「単なる偶然だ」と言い張り、まともな検証をすることはありませんでした。

本書は、そういう心の専門家たちへのメッセージでもあります。

筆者は本書で血液型と性格の関連について断定的なことを言うつもりはありません。

本書の本当のねらいは、問題提起です。

こんなに異常値が出ているのだから、専門家の方々、いつまでも逃げていないで、きちんと本格的な調査をしてください、という話です。

本書では、わかりやすい「血液型の偏在」の例をいくつも取り上げています。

確率統計を少しでも学んだ人であれば、**「絶対にありえない確率」**が何度も出てきていることに気づくはずです。

「ここまで異常値がでているのに、まだ偶然として黙殺し続けるのか」ということです。

血液型と性格の関連を「エセ科学」と思っていた人たちも、心の専門家たちが本格的な統計調査をしないことについて疑問を感じたはずです。

心の専門家たちがこれ以上、血液型について黙殺し続けることは、決して彼らのためにもならないと思われます。

病気の罹患率と血液型の間に関連性があることは、アメリカをはじめ、すでに多くの研究機関が突きとめています。この流れは、今後さらに加速するはずです。もっと多くの病気が血液型と関連していることが、判明されていくと思われます。

そうなると、次には当然、「これだけ病気との関連性があるのだから、人の性質にも影響を与えているのではないか？」という流れになっていくはずです。つまり精神医学以外の医療によって、血液型と性格の関連性が追究されるようになるのです。

そしてスポーツ界などで起きている血液型の偏在が、クローズアップされることになるでしょう。

遅かれ早かれ、血液型が人の性格、性質に何らかの影響を与えていることは、必ず明かされることになると思います。

そうなったとき、頑なに血液型を黙殺してきた精神医学界、心理学界は社会からの信用を失うことになるでしょう。

だから、なるべく早く、「心の専門家」とされている人たち、精神医学者や心理学者は、この問題に正面から取り組むべきだと思われます。

それは社会のためでもあるし、精神医学界、心理学界の将来のためです。

最後に、この微妙なテーマの本を好き勝手に執筆させていただいたビジネス社の唐津氏をはじめ、本書の制作に尽力していただいた皆様にこの場をお借りして御礼を申し上げます。

２０１８年春

著者

著者略歴

武田知弘（たけだ・ともひろ）
1967年生まれ。1991年大蔵省（現・財務省）に入省し、バブル崩壊前後の日本経済の現場を見て回る。大蔵省退官後、出版社勤務など経てライターとなる。歴史の秘密、経済の裏側を主なテーマとして執筆している。主な著書に、『マネー戦争としての第二次世界大戦』『ワケありな日本経済』（ビジネス社）、『大日本帝国をつくった男』（ベストセラーズ）、『経済改革としての明治維新』（イースト新書）、『ナチスの発明』（彩図社）、『ワケありな国境』（ちくま文庫）、『昭和30年代の「意外」な真実』（だいわ文庫）、『「桶狭間」は経済戦争だった』（青春出版社）、『大日本帝国の経済戦略』『ヒトラーとトランプ』（祥伝社新書）などがある。

本当はスゴイ！血液型

2018年6月1日　第1刷発行

著　者　武田 知弘
発行者　唐津 隆
発行所　株式会社ビジネス社
〒162-0805　東京都新宿区矢来町114番地 神楽坂高橋ビル5階
電話　03(5227)1602　FAX　03(5227)1603
http://www.business-sha.co.jp

印刷・製本　大日本印刷株式会社
〈カバーデザイン〉中村聡
〈本文組版〉茂呂田剛（エムアンドケイ）
〈編集担当〉本田朋子
〈営業担当〉山口健志

ISBN978-4-8284-2027-1